正宗的国学原来还可以这样

· 嘉兴：一个有心，有梦，快乐前行的盈门弟子。他喜欢观察生活，对世界充满好奇与反思，所以他总是向盈视老师提问，希望用传统的智慧来解决眼前的问题。他还擅长口语表达，于是便将他与盈视老师之间的故事讲了出来给我们听。所以起名为"嘉兴讲故事"。

· 朱畅思：一个有心，有梦，快乐前行的盈视教师。他希望从吟诵入手让孩子们接受快乐、优美、灵动、时尚的传统文化教育。他欣赏嘉兴的才华，珍视他的问题，于是认真回答，倾囊传授。盈视老师希望大家都来聆听嘉兴与自己的故事，与嘉兴一起吟诵。他在每一集后给嘉兴的吟诵做了一番讲解，起名为"盈视讲吟诵"。

　　嘉兴还在成长，生活还在继续，嘉兴讲故事与盈视讲吟诵，都未完待续。

父母必读 养育系列图书

嘉兴讲故事

读书有次第

朱畅思／著

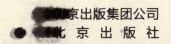北京出版集团公司

北京出版社

图书在版编目（CIP）数据

嘉兴讲故事 读书有次第 / 朱畅思著. — 北京：
北京出版社，2017.4
ISBN 978－7－200－12965－6

Ⅰ. ①嘉… Ⅱ. ①朱… Ⅲ. ①国学 — 初中 — 课外读物
Ⅳ. ①G634.303

中国版本图书馆CIP数据核字 (2017) 第081961号

嘉兴讲故事 读书有次第
JIAXING JIANG GUSHI DUSHU YOU CIDI

朱畅思 著

*

北 京 出 版 集 团 公 司
北 京 出 版 社 出版
（北京北三环中路6号）
邮政编码：100120
网　　址：ｗｗｗ．ｂｐｈ．ｃｏｍ．ｃｎ
北 京 出 版 集 团 公 司 总 发 行
新 华 书 店 经 销
北京市雅迪彩色印刷有限公司印刷

*

787毫米×1092毫米　16开本　16.75印张　107千字
2017年4月第1版　2017年4月第1次印刷
ISBN 978－7－200－12965－6
定价：49.00 元
如有印装质量问题，由本社负责调换
质量监督电话：010－58572393

序：读书有次第，微言显大义

中华民族传统文化是宝贵的精神财富，如何帮助中小学生汲取其精华，并正确继承和发扬，对于推进有中国特色的社会主义建设，有重大的现实意义和深远的历史意义。

但究竟为什么要引导中小学生学习国学？怎样学习国学，才能达到我们预期的目的？很值得探讨。

引导中小学生学习国学，有利于保护、继承、弘扬中华民族优秀文化传统，学习做人的基本道理，增强年轻一代的民族自豪感。既可以了解当时的社会心态、文化心理、生活习俗、道德风貌、民众性情等，还可以从中窥见当代中国社会某些社会心态、文化心理、社会风尚等，对增强中小学生主体文化的认同感是大有裨益的。

引导中小学生学习国学，应当而且必须加以选择。因为国学读物虽然承载了传统文化，但毕竟是那个时代的产物，是那个时代的行为规范，不可能没有历史的局限性：传统文化中有的东西是有生命力的，有些内容随着时间的推移，则显得陈旧了，落后了。这是历史发展新陈代谢的"自然现象"。

因此，在引导中小学生阅读国学读物时，要保持清醒的头脑，要有所选择、取舍，取其精华，去其糟粕，批判地继承，不能全盘照搬。

中小学生毕竟还是未成年人，涉世不深，尚缺乏生活经验和分辨是非、善恶、美丑的能力。他们对信息感受能力很强，但筛选、取舍信息的能力很差。成年人有责任，也有能力对儿童读经提供必要的指导，尽量给孩子阅读有益无害的东西，以把消极影响减少到最低限度。这是历史赋予我们教师和家长的责任，不可推卸。

近年来，有的地区、有的学校，引导中小学生学习国学，就是带领孩子摇头晃脑地诵读，浮光掠影，囫囵吞枣，机械记忆。这我是不赞成的。因为达不到儿童学习国学预期的目的，孩子从中获得的，至多也就是传统文化的"皮毛"，等于炒了一锅"夹生饭"。

令人欣喜的是，北京景山学校的朱畅思老师，经过多年的教学实践，研究、总结出了一套引导中小学生学习国学的成功经验，著成了一套"嘉兴讲故事"系列适合中小学生阅读丛书。

这套丛书的几个显著特点是：

一，通过讲述经过精心选择的、承载着传统文化的经典故事，引导儿童学习中华民族优秀的传统文化，适合儿童的年龄特征和阅读能力，能够引起儿童学习的浓厚兴趣；

二，故事生动形象，通俗易懂，中小学生可以很容易地克服阅读国学读物的文字障碍，理解故事的含义，提高文化素养；

三，通过讲故事的形式介绍传统文化精华的同时，引导孩子联系现实社会生活中人们社会心理的来龙去脉、前因后果，引导孩子们深入地了解现实社会；

四，丛书中故事的选择很有针对性，密切联系当今中小学生的思想实际，引导孩子从传统文化中学习做事，学习做人。

朱畅思老师所著的这套学习国学的丛书，形式新颖，特点鲜明，别具一格，是中小学生的良师益友。

我深信，一定会引起广大中小学生和家长的浓厚兴趣和热烈欢迎。

中国教育学会家庭教育专业委员会名誉理事长

北京师范大学教授

赵忠心

自序：养趣、得法地学国学

您打开的是一本有声书籍，扫描二维码您就会听到嘉兴稚嫩的声音配合着灵动的音乐，还有美妙的吟诵声音，诠释着来自远古的魅力。

2016 年的儿童节，盈视讲坛微信平台（yingshi-jiangtan）播出了"嘉兴讲故事"——不羡聪慧，孩子的声音、精彩的音乐，还有那古今穿越的故事风格，给人耳目一新的感觉，这是国学节目中少有的风格。

给孩子讲国学，首先要跟孩子站在一起——养趣是第一位的。让孩子听孩子的声音，听他讲生活里的故事，转述他的学习成果与思考，相信会引起孩子们的共鸣——原来同龄人还可以这样。

国学的精神不该束之高阁，该亲切地来指导生活。"嘉兴讲故事"的每一集都从生活里的故事出发，再回到生活中来，这样的亲切才会让孩子感到兴趣盎然——原来国学与我是有关系的。

装帧、音效，这些当代多媒体技术的应用让故事好听，符合现代孩子的欣赏习惯，让孩子乐在其中——原来国学也是时尚的。

给孩子讲国学，还应当关注的是"得法"。首先，要有次第。我反对眉毛胡子一把抓——拿起一本古书就随便读。浩如烟海的中国传统文化读起来是有序的。我们的文化存在六艺中，小六艺是六种技能：礼、乐、射、御、书、数，大六艺是六本经书：《诗经》《尚书》《仪礼》《乐》《周易》《春秋》。不了解这些，国学的学习可能会混乱。所谓诗酒花香茶，应该是外围的东西，学习国学应该先了解六艺这些远古的魅力，疏通知远，再去学其他的内容。

六艺会不会太难，孩子读不懂呢？我们让嘉兴以讲故事的方式讲给大家听，用有趣的方式将六艺的核心精神传递。

说到读书，更要得法。中国人有自己的读书法——吟诵。一百年前，朗诵才传入中国，三千多年的历史长河里，每一位古人都是吟诵着创作，吟诵着读书的。吟诵是有乐音的，中国人读书像唱歌。这让读书变得有趣，还有助于记忆，而最为重要的是，长短高低的旋律设计，是汉语文学的一部分，只解字面，不去吟诵着聆听文学的声音，我们的文化便少了一半的魅力。

"嘉兴讲故事"的每一集里都有一段吟诵，盈视老师还会在每一集后面有专门的吟诵讲解，教孩子们如何聆听声音，收获完整的文化魅力。吟诵调很简单，而且使用了现代乐器伴奏，嘉兴的吟诵字正腔圆，故而易于模仿，很希望每一个听嘉兴讲故事的小朋友都能和嘉兴一起吟诵，逐渐将经典内化于心，成为自己的学问。

此书可以成形，离不开亲人和各地朋友的大力支持和无私帮助：家父为此书书写章回题目，落款闲章为"古渔阳客"；兰州的吕嘉文老师整理并按古书方式编排了所有故事涉及的原文内容；北京的张兴老师录入了每一集故事的文字；安徽的许远远老师和山东的李伟老师制作了每一期的微信宣传帖子；中华文化大讲堂的雅清、中央人民广播电台的晶晶和青岛广播电台的陈勍为音频录制了片头；北京出版集团的老师们提供了专业策划创意；绘画公司虫神杨艺术工作室为本书配图。在此一并感谢！

目录

·第一部分·

正心意诚

学习不可功利，欲速则不达，放心而坦然，
乐且不忧，方可自然前行，以致远方。

第一集

不羡聪慧

孔子说，学习并时常温习所学的知识，是很快乐的，和志同道合的朋友一起学习是特别快乐的，别人如果不了解我的这种心态，我依然很快乐，快乐地学习，这就是君子！

金溪民方仲永世隶耕仲永生五年未尝识书具忽啼求之父异焉借旁近与之
即书诗四句并自为其名其诗以养父母收族为意传一乡秀才观之自是指物作诗
立就其文理皆有可观者邑人奇之稍稍宾客其父或以钱币乞之父利其然也日扳
仲永环谒于邑人不使学余闻之也久明道中从先人还家于舅家见之十二三矣令
作诗不能称前时之闻又七年还自扬州复到舅家问焉曰泯然众人矣王子曰仲永
之通悟受之天也其受之天也贤于材人远矣卒之为众人则其受于人者不至也彼
其受之天也如此其贤也不受之人且为众人今夫不受之天固众人又不受之人得
为众人而已耶

——《临川先生文集·卷七十一》北宋 王安石（中华书局，1959）

各位大朋友、小朋友，大家好，我是嘉兴。从今天开始，我要向大家汇报我跟老师学习到的内容。我的老师说，中国人最爱学习，这一点在全世界都有名。甚至有人认为中华文明就是不断向各民族学习，不断融合出来的文明。善于学习，不断壮大，是我们这个文明最伟大的特点。

　　我的老师说，"学"这个字，在甲骨文里就是个房屋。远古的时候，大家族都会把族人的孩子聚集到家族祠堂里，学习本氏族的文化。祠堂里有家族中极为优秀的人士的牌位，还有他们的名册，这就是家谱。每个孩子都要认真学习，为的是能够进入这些优秀人士的行列，向他们的祖先靠近，如果不能向优秀的祖先靠近，进不了家谱，就会被称为"不靠谱"。所以老师说，不能说别人"不靠谱"，这是最为恶劣的诅咒了。

什么样的小朋友可以进入家谱呢？当初，老师在班里问到这个问题的时候，我和同学们都认为是那些最聪明的、学习成绩最好的，肯定会进入家谱。老师说："这可不一定，成功不是给聪明人预备的，小的时候学习成绩是否优秀，其实没有意义。"我们都很惊讶："不是说，小时候学习成绩好，长大才会有好的未来吗？"老师说："你们肯定听错了。"于是，他讲了这样的故事：

在宋朝的时候，在江西有个人叫作方仲永，他们家世世代代都是为别人种地的。这方仲永五岁了，却从来没见过毛笔之类的书写工具，有一天他忽然问他爸爸要。他爸爸就奇怪了，借了些书写工具给了方仲永。这方仲永一拿到毛笔、纸啊什么的，立刻就写了四句诗，并且还写上了自己的名字。这首诗很快就传给了全乡的秀才看。在这以后，方仲永看到什么东西就立马能作出诗来，而且文理都非常正确。全乡人都奇怪呀，于是老是宴请他的父亲，或者给方仲永几个小钱逗他玩，让他作首诗。父亲看了，觉得这也是个赚钱的门路，于是每天都带着方仲永去找人家作诗挣钱，不让他上学了。等方仲永到了十二三岁的时候，还是能作诗，但是名声已经大不如前了，又过了七年，别人见到他的时候，他已经成为一个普通人了。

这个故事是宋朝的王安石先生写的。方仲永其实是王安石童年的邻居。王安石小时候并不聪明，但是一直努力，方仲永则一直是乡里的小名人。但是王安石通过努力最终成为了一代名相，而方仲永则成为了一声叹息。王安石的这篇文章是写给自己的弟弟们的，希望他们不要在乎先天的聪慧与否，懂得努力才是必需的。我们身边总有人在炫耀自己的智慧，有的老师和家长也似乎喜欢聪明的孩子，愿意夸这样的同学，这让一些同学很有失落感，更不想好好学习了。

读了方仲永的故事，每个人都应当感慨，聪慧其实不能决定什么，炫耀聪明还会十分危险……愚笨也不可怕，小的时候成绩好或成绩坏对于未来都没有决定意义，努力认真才是必需的。老师说："你得了坏成绩要继续学习，你得了好成绩不还是要继续学习吗？胜利与努力有必然联系，与聪慧则非。"

　　所以，我们的班级口号是"同进同欢"，就是一起进步一起快乐。孔子说，学习并时常温习所学的知识，是很快乐的，和志同道合的朋友一起学习是特别快乐的，别人如果不了解我的这种心态，我依然很快乐，快乐地学习，这就是君子！

　　子曰："学而时习之，不亦说乎？有朋自远方来，不亦乐乎？人不知而不愠，不亦君子乎？"

　　吟诵，是中国人自古以来的读书和创作方法，大家可能听着有点像唱歌，因为汉语一拉长就成了

歌唱，古人就是这么唱着读书的。古人的课上也会
有伴奏，不过呀，他们用的是古琴，七根弦，我的
老师用的是吉他，六根弦。有人说，吉他是唯一可
以和古琴媲美的西方乐器，我们这算是传统与时尚
的结合吧！

重新认识声音

正如嘉兴所说，中国人自古以来都是吟诵着读书的。吟诵，是个现代词汇，代表这种有腔调的读书方法，古代叫它"吟"或者"咏"，在古代的学校里，它干脆就叫"读书"。

也就是说，如果你穿越回古代，到古代的课堂上，你所听到的琅琅读书声，一定是这种有腔调的声音，就像唱歌一般，而不是我们今天在课堂里的这种干巴巴的"朗读"——朗，原本是大声的意思，读，前面说了就是吟诵的意思，朗读本是大声吟诵的意思。唯一不同的就是嘉兴告诉我们的，古代先生用古琴与吟诵声音相和，今日盈视老师用吉他给吟诵伴奏。

嘉兴已经向我们介绍了：汉语一拉长就成了歌唱。这是因为汉语本身拥有这个特点，它是旋律型的语言。世界上各民族的语言特点不同，有些语言的特点是重音发声很明显，所以叫重音型语言，比如英语；而汉语有好几个声调，读起来便是高高低低宛转悠扬，像是有旋律一般，所以叫旋律型语言。基于这个语言特点，把汉语发音稍微一拉长就变成了歌唱。《尚书·舜典》里说："歌永言"——唱歌就是拉长声。看来，吟诵着读书，是汉语的一种自然而然的事情。

根据汉语发音的本身特点来设计唱腔，这就叫"依字行腔"。汉语发音有什么特点呢？汉语有四个声调，叫"平上去入"。"平声"大概就是我们今天所说的一声、二声，"上声"大概就是我们今天所说的三声，"去声"大概就是我们今天所说的四声。那什么是入声呢？这个声音从元朝开始，北方地区就已经没有了。这些原本读入声的字现在读"平上去"这三个声音了。可是在长长的中国历史中，入声一直是一个很重要的声音，今天在南方的方言里还保留着入声的读音。入声怎么读呢？各地方言读法不一，但总之读起来短促有力。我们今天全国都说普通话了，普通

话是以北方方言为基础确定的，普通话里没有入声的发音，这可怎么办呢？吟诵专家们建议我们模拟入声的读音，读起来短一点就好。我们怎么知道哪个字是入声字呢？如果你是南方人，你可以用方言读一读，那个读起来短促有力的字就是，如果你是北方人，这就需要查找和记忆了。

子曰："学而时习之，不亦说乎？有朋自远方来，不亦乐乎？人不知而不愠不亦君子乎？"

大家看到的"！"就是入声字符号。"曰"在古代就是个入声字，这个字上古时期可能代表着神器初打开的样子。所谓神器就是巫师们占卜用的罐子，里面装满沙土，摇晃罐子，沙土会形成不同形状，打开罐子，巫师会告诉你神的旨意。开罐的一刹那一定很神圣，开罐的声音低沉短促，入声的读音能很好地表现这些特点。《论语》及许多经典中，都用这个"曰"字来引出圣贤们的语言，可能也是为了表现隆重与深刻。

"学"也是个入声字，嘉兴讲了这个字的意思，它是古代学生上学时的房子。"习"也是个入声字，这个字我们将来还会讲到它，它是小鸟练习飞翔的意思。

"学"与"习"是两种状态，"学"是跟随老师，"习"是自己练习。二者都是儒家重要的修道法门，缺一不可。因为入声发音短促，诵读这一句的时候会让人感觉到这两个字很重，于是自然就可以感觉到孔子想要强调的重点是什么了。

"说"（通"悦"）、"乐"也是入声字，诵读起来也要短促一些为好。这样的吟诵，能让我们体会到，原来孔子重视的修道方法是"学"与"习"并重，希望得到的结果是快乐地做君子！

大家还看到了一些字的头顶上有一个波浪线"～"，这便是诵读时需要拖长的字。为什么这些字需要拖长，后面的讲解中，盈视会为大家详细解释。大家现在可以跟着嘉兴再吟诵一遍吧。

扫描二维码
听嘉兴的声音吧

第二集

不怕弯路

学习，什么时候都不晚，天下大道，也不会拒绝一个曾经走错路的人。大道如流水，能够覆盖凹凸不平的每个坑洼缝隙，我们也该早些主动地亲近水源，你说是吗？

周处年少时凶强侠气为乡里所患又义兴水中有蛟山中有遭迹虎并皆暴犯

百姓义兴人谓为三横而处尤剧或说处杀虎斩蛟实冀三横唯徐其一处即刺杀虎

又入水击蛟蛟或浮或没行数十里处与之俱经三日三夜乡里皆谓已死更相庆竟

杀蛟而出闻里人相庆始知为人情所患有自改意乃自吴寻二陆平原不在正见清

河具以情告并云欲自修改而年已蹉跎终无所成清河曰古人贵朝闻夕死况君前

途尚可且人患志之不立亦何忧令名不彰邪处遂改励终为忠臣孝子

——《世说新语·自新》南朝·宋 刘义庆（中华书局，2011，中华经典

名著全本全注全译丛书）

大家好，我是盈门弟子徐嘉兴，谢谢您关注我的分享。上一次，我和大家分享了"不羡聪慧"这个话题，就是说，每个人都要学习，无论你聪明还是不聪明，天下大道都等待着你去探索和发现。

　　可我的身边有些同学就是不愿意学习，他们会说，我已经是差生了，大家都瞧不起我，老师也觉得我拖了班级的后腿，所以我不如干脆不学了，每次考试，老师不算我的分数才好呢。这些同学慢慢地就不参加班级的一些活动了，比如，测验改错、检验考试，他们都不认真对待。他们也在课上接下茬儿，随便说话，看课外书，慢慢变成了"个别学生"。我们都不知道该不该跟这样的同学玩儿，或者该怎么劝他们。

其实，他们中的很多人都是很讲义气的，人特别好，只是不想学习。有一次，我带着这样的问题去问老师。我的老师说："这些同学不过是走了弯路而已。"我就问："走了弯路，还能回来吗？"老师就讲了这样的故事：

南北朝时期的南朝，有个王爷叫刘义庆，他曾经组织编写过一本短文集，取名《世说新语》。这里面记载过一个小故事：有个人叫周处，周处年少的时候非常凶残。义兴水中有一条大蛟龙，山中有一个跛脚的老虎，他们都经常侵犯百姓，义兴人称他们为"三害"，而且他们认为周处是"三害"中最厉害的那个。

有人就劝说周处去杀掉老虎，斩掉蛟龙，实际上他们是想：如果周处刺杀了虎，斩死了蛟龙，那这"三害"里面不就只剩一个了吗？周处听到后，立即就去刺杀了老虎，又进入水中和蛟龙搏斗，周处和蛟龙浮浮沉沉了三天三夜，然后也没有了动静。乡里人都以为他死了，于是争相庆祝，没想到周处杀完

蛟龙后从水里出来了。他看到乡里人正在庆祝，不知道大家为什么要庆祝，就去问。有一个人告诉了他实情——因为你死了，所以大家都非常高兴。

周处听完之后，才知道自己是乡里的一害，心里非常难过。他就去吴地寻找两位特别有名的儒家学者，一位叫陆云，一位叫陆机。陆机不在，他见到了陆云，就告诉他自己想改过自新，可是觉得已经来不及了。陆云听完后说："古人说，'早上听到了好的道理，晚上死都值了。'况且你还这么年轻。人最怕的就是不立志，你现在立志了，还怕没有好名声吗？"周处听完之后，改过自新，终于成为了忠臣孝子。

子曰："朝闻道，夕死可矣。"

吟诵是中国人正宗的读书方法，用高高低低的腔调读书，文意就展现出来了。高调好似在大声疾呼，低调又像在细细玩味。每一个吟诵的人可以根据自己的不同心境去把握。"朝闻道，夕死可矣"这句话，就是陆云对周处说的，吟诵出来，那种不怕弯路，为时不晚的感觉是不是就更加明显了呢？

京剧中有一出戏叫《除三害》，就是为了纪念周处而创作的。周处这样一个曾经为害乡里的坏蛋，最终通过学习变成了历史上被歌颂的名人。可见，学习什么时候都不晚，天下大道，也不会拒绝一个曾经走错路的人。大道如流水，能够覆盖凹凸不平的每个坑洼缝隙，我们也该早些主动地亲近水源，你说是吗？

画说讲吟诵 第二讲

虚字不虚

　　吟诵的时候，除了要把入声字读短一些，还要把虚字读得长一些。这些虚字的头顶上都有一个延长符号"～"，这便是用来提醒你要将它拖长的标志了。所谓"虚字"，就是没有实际意义的字。我们都知道中国古代把字写在竹简上，竹简很沉。可以想象，古人写字读书都很麻烦，那么肯定是能少写一个字就少写一个字。既然如此，为什么还会写这些"没有实际意义的字"呢？这就说明，中国的书籍不仅仅是拿来看的，还是拿来读的，每个作者都或多或少地想到了，诵读可以展现我的用意，于是，有些虚字就是专门用来显示语气的。

比如"矣"这个字，发音开口比较小，又是三声，有宛转悠扬的感觉，所以常常用来表示感慨，有时也表示讽刺。我们可以开玩笑地说，凡是看到一个句子的结尾是"矣"，就不要跟这句话的意思较真，作者不过是感慨一下而已。老师如果在课上对着学生说："你们真聪明，我中午要给你们发糖矣！"那就说明不过是因为学生们回答对了一个问题，老师感慨了一下而已，到了中午估计老师就忘了发糖这件事了。

子曰："朝闻道，夕死可矣。"

如果你不懂得"矣"字只是表示感慨，不能把带"矣"字的句子太当真的话，对于上面这句话你就会觉得很恐怖。难道学了好的道理就要去死吗？如果真是这样谁还敢去学好的道理呢？所以这句话其实可以翻译为：早上听到了好的道理，晚上就算是死了都值喽！所以吟诵的时候要把"矣"字的特点认读出来，拖长、转弯，细细品味那种潇洒与戏谑。

　　除此之外，吟诵时还可以利用旋律的高低来体会文意，正如嘉兴所说，高调好像在大声疾呼，低调又像是在细细品味。嘉兴与他的好朋友夏宁远一高一低地配合，把这两种感觉都诠释了出来。他们两个人把这句话吟诵了两遍，就像是古代的小朋友读书时将一句经典反复诵读的样子。现在我们就能明白，古文单篇的文字往往很少，而意思还能清晰地传达出来的原因了——反复吟诵，其义自现。

　　古诗文是要读的。读，是有正确方法的。要反复读，要利用高低调来调试感觉，这样才会把古人暗含在虚字中的气象读出来。

第三集

不倦相勸

是不是特别乖巧，一直听话努力的好学生就更容易成功呢？其实不然，在学习的道路上更重要的是，我们更需要大家一起心向往之。如果大家可以互相劝学，不抛弃，不放弃，一定会有好结果的。

子路见孔子子曰汝何好乐对曰好长剑孔子曰吾非此之问也徒谓以子之所能而加之以学问岂

可及乎子路曰学岂益哉也孔子曰夫人君而无谏臣则失正士而无教友则失听御狂马不释策操弓不

反檠木受绳则直人受谏则圣受学重问孰不顺哉毁仁恶仕必近于刑君子不可不学子路曰南山有竹

不柔自直斩而用之达于犀革以此言之何学之有孔子曰括而羽之镞而砺之其入之不亦深乎子路再拜

曰敬而受教

——《孔子家语·子路初见第十九》三国·魏 王肃（中华书局，2011，中华经典名著全本

全注全译丛书）

初权谓吕蒙曰卿今当涂掌事不可不学蒙辞以军中多务权曰孤岂欲卿治经为博士邪但当涉猎

见往事耳卿言多务孰若孤孤常读书自以为大有所益蒙乃始就学及鲁肃过寻阳与蒙论议大惊曰卿

今者才略非复吴下阿蒙蒙曰士别三日即更刮目相待大兄何见事之晚乎肃遂拜蒙母结友而别

——《资治通鉴·卷六十六》北宋 司马光（中华书局，2011）

海内外的老师、同学们，大家好，感谢大家关注我的学习分享。我的老师说："聪明没有意义，弯路也不可怕，每个人都有学习的权利，也都有学成人才的可能。"所以我与大家分享"学习"这个话题的时候，先谈了不羡聪慧、不怕弯路。

　　我有一个同学，有一次问老师："是不是特别乖巧，一直听话努力的好学生就更容易成功呢？"我的老师笑了，说他好像没见过一直乖巧、总是努力、从不懈怠的人。

　　他让我们举几个我们熟悉的古代贤人的名字，我们说出了孟子。老师说："你们听说过'孟母三迁'吗？听说过'孟母断机杼'吗？这些都是因为小孟子淘气才出现的事情。"又有同学说了苏轼。老师说："苏轼晚年写诗的时候还说，想起小时候淘气，爸爸批评他的事儿呢！"

老师说："可见人都有可能会淘气，会懈怠，这个时候，劝，是件很重要的事情，所以古代有许多著名的劝学的故事。"老师说到这儿的时候，有一位同学脱口而出："'铁杵磨成针'就是吧？"我的老师说："这是宋朝人祝穆为了给眉州这个地方添一些名人色彩，而在地理书上编出来的故事，可能是假的，但是的确是劝学的故事。"

我们就让老师讲两个真的故事，老师就讲了下面两个。

《孔子家语》中记载，孔子第一次见到子路的时候，就问子路有什么爱好。子路说："长剑。"孔子说："哎呀，你理解错了，我的意思是你觉得以你的能力能学点什么？"子路听完后说："哎，人干吗要学习啊？"于是，他便举了个例子："南山上的竹子非常坚硬，把它砍下来，可以刺穿皮革，可是它也没学什么呀？"孔子听完后便回答道："但是，如果给这些竹子加上羽毛，再把竹子的头削尖一点，这不就成剑了吗？剑是不是比竹子刚削下来的时候锋利得多呀？"子路听后，觉得人一定要认真地学习，于是便努力地学习，最后终于成为了非常优秀的儒家子弟。

东汉之后，有三个国家鼎立在中华大地上，它们分别是曹魏、蜀汉和东吴。东吴的君主叫作孙权，孙权帐下有一员猛将，叫作吕蒙。这个吕蒙骁勇善战，但是没什么文化，是个大老粗。孙权就劝他一定要好好读书，吕蒙就说了："我是个武将，况且我的时间可没那么富裕，我还有好多事要干呢！"孙权听完后便说："我又不是让你读成什么博士，我只是觉得呀，读这些书对你带兵打仗很有作用，况且我是个君主，我的事肯定比你多吧？但是我还经常读书呢。"吕蒙听后便回去努力读书，过了不久，他遇到东吴的大都督鲁肃，鲁肃跟他交谈了几番后，发现他

的知识比原来渊博多了，便说："你已经不是小阿蒙了！"吕蒙于是说出了一句很著名的话，他说："士别三日，应当刮目相看。"

子曰："默而识之，学而不厌，诲人不倦，何有于我哉？"

一百年以前，中国人都是有点儿像唱歌一样地读书的，朗诵是后来才传入中国的。因为汉语一拉长就成了歌唱，所以中国人就有了这种读书歌，我们称之为"吟诵"。孔子曾经用古琴给吟诵伴奏，我的老师是用吉他给吟诵伴奏，算是传统与时尚的结合吧，不知道大家是否喜欢这种读书的方式呢？

孔子说："默默地记住知识，学习从来不满足，劝别人学习，教别人知识从来不厌倦，这三件事情我做到了哪一件呢？"

老师当初带我们读《论语》中这句话的时候，问我们："你们觉得孔子为什么要反问自己呢？他是不是真的没做到呢？"我们七嘴八舌地说："孔子一定是在谦虚。"我的老师说："孔子从来不这么谦虚的。"我的老师说，他认为孔子是在说实话，因为这三件事情真的太难做到了。记住一个知识，完全不忘记，永远在学习从来不满足，教别人知识从来不厌倦，这怎么可能呢？人都会有所遗忘，人都会有自满的情绪，人也都会疲倦，有时候懒得去帮助别人，往往独善其身就不错了。这是人之常情，是很自然的事情。但是，不能因为做不到就不去努力，人生是不可以这样看问题的。人生要"虽不能至，心向往之"，并且还要奔着"心向往之"的方向大踏步前进。"默而识之，学而不厌，诲人不倦"，是人生的目标，孔子反问自己的意思是在说，虽然我做不到，但我一直在要求自己努力做到，希望所有的学生也以此要求自己，我们一起进步。这才是孔子真实而伟大的地方。所以，孔子是在劝自己努力，也同时在劝所有人要努力呀！

子路后来成为孔门非常优秀的学生，若没有孔子的劝学，他也不会走上儒家的道路。孔子的另一个学生曾向孔子问道："怎么交朋友呢？"孔子就说："要导人向善。"这善的含义里面一定有努力学习。

孙权比吕蒙小三岁，他们应该算是同龄人，可见同龄人之间也是可以互相学习的。赤壁之战后，曹操在恢复元气，刘备在扩大地盘，东吴也急需人才。吕蒙接受了孙权的劝学，进步飞快，后来终于成为了东吴的大将。看来，所谓天生就知道努力，从来不淘气并不是常见的事情吧！

有人先知先觉，有人后知后觉，若是大家可以互相劝学，不抛弃，不放弃，一定会有很好的结果。

你曾经劝过自己或者别人要好好学习吗？

善用旋律

正如嘉兴所说，乍一听，吟诵有点像唱歌，所以西方人曾经称这种中国式的读书方法叫读书歌。

歌曲是有旋律的，高高低低、长长短短——我们现在知道了，吟诵古文的时候，入声字要短读，虚字要重重地长读，还有高低调的设计与安排，文意便在这些旋律设计中体现了出来。除此之外，旋律的设计，还有什么门道吗？

子曰："默而识之，学而不厌，诲人不倦，何有于我哉？"

《论语》这句话中，"曰""默""学""不"四个字都是入声字，它们的头顶都有一个符号"！"，这些字读起来应短促处理。三个四字句，每一句都有一个入声字，每一句都有顿挫之感，可见句句都是严肃而深刻的反思，这样顿挫地读书，可以让人感受到那份隆重和强调。

　　本句话的结尾有一个"哉"字，读起来嘴形比较大，它是个表示语气的虚字，读起来应重长处理，它的头顶有个表示延长的符号"～"。你能感受到孔子在认真地自我反思，也在努力地劝告自己吗？你可以幻想孔子是不是说到这里摊开双手抖了抖呢？有时候，人们吟诵的时候不自然地加了一些动作，也是因为语气词的发音特征给人带来了一些情不自禁之意吧。

　　"默而识之，学而不厌，诲人不倦"，按照今天的说法，这叫并列句，就是说孔子说了三件同等重要的事情。既然是并列句，吟诵的时候就适合将旋律设计得一样，让人听起来有并重之感。

　　最后一句，"何有于我哉"，旋律适合设计成上扬的趋势，问句的感觉就能明显表现了。

君子之行

洒扫进退，言语身容，金声玉振，审矢持弓，
得法修为，方有君子之风。

扫描二维码
听嘉兴的声音吧

第四集

不住练习

新生的鸟儿，会对着太阳扇动翅膀，在窝里反复练习飞翔动作，为展翅翱翔做好准备。我们每一种能力的锻炼，也是需要反复练习才能得来的。

其始梁武教诸王书令殷铁石于大王书中拓一千字不重者每字片纸杂碎无序武帝召

兴嗣谓曰卿有才思为我韵之兴嗣一夕编缀进上鬓发皆白而赏赐甚厚右军孙智永禅师自临

八百本散与人间江南诸寺各留一本永往住吴兴永福寺积年学书秃笔头十瓮每瓮皆数石人

来觅书并请题头者如市所居户限为之穿穴乃用铁叶裹之人谓为铁门限后取笔头瘗之号为

退笔冢自制铭志

——《尚书故实》唐李绰（商务印书馆，1936）

长沙僧怀素好草书自言得草圣三昧弃笔堆积埋于山下号曰笔冢

——《唐国史补》唐李肇（上海古籍出版社，1979）

大家好，感谢您持续关注我的学习分享。大家听我讲故事，每一集都能听到我或者我的朋友的吟诵。吟诵对于我来说是个新奇的东西，原来我从来没有学过，直到我遇到了盈视老师，才开始学习它。

　　一开始，我和同学们都很惊讶，也很开心，因为觉得诗歌、古文从此都有了乐音相伴，读书变得有意思起来了。我们也觉得吟诵很简单，很容易就能学会了。所以在课上我们很积极，但课下就没有怎么认真复习。老师有一次讲到"平长仄短"这个知识，讲了许多判断格律诗的方法，我在课上很认真地听会了，老师也问我们："你们听会了吗？"我们都大声说："学会了。"

第二天，老师在幻灯片上展示了几首诗歌，让我们判断它们属于格律诗的哪一种。我们都很自信地举手上台，结果很多同学都说错了。老师让我们吟诵这些诗歌，我们也在吟诵的长短上把握得不好。有个同学自言自语了一句："昨天还好好的，怎么今天就不会了呢？"

　　老师笑着说："这是大人们总爱说你们的话吧，我昨天问你们学会了吗？你们都说学会了。其实回答得不准确，你们学了，但是不能说会。要想达到会，那还需要许多环节。"老师说："儒家学习六艺，那就是礼仪、音乐、射箭、驾驶、书写、算术。这六样本事光听老师讲是学不会的，自己要下很多功夫才行。"我们都迫不及待地问："到底要下什么功夫呢？"我的老师说："你们别着急，咱们一个一个地讲。先说书法吧。"

　　他说，有一天他听见了我们的玩笑。做值日的同学把粉笔头收集在一起准备扔掉，有人开玩笑说："粉笔立下了汗马功劳，现在变短了，不能写了，扔了它们多可惜，应该把它们收集起来，放在

一个指定的地方，建立一个粉笔头遗址公园。"老

师说："古人还真的收集过毛笔头，一起埋葬，建

立过'笔冢'。"老师问我们是否听说过"墨池"。

有位同学抢着说："我知道，王羲之反复练习书法，经常在一个池塘里涮笔，把一池潭水都染黑了。"老师笑着说："故事讲对了，人物安错了，这个故事的主人公是东汉的'书圣'张芝，不是王羲之。不过王羲之家的确有勤奋学习，反复练习书法的传统。传到第七世孙的时候已经是隋朝了，这位王家的子孙出家当了和尚，法号智永。他虽然身在寺庙，却天天练习祖先王羲之的字，南朝的梁武帝曾经让他的大臣将王羲之的一千个字集结成一本书籍，起名《千字文》，智永和尚临摹练习的就是这本《千字文》。他一共写了多少遍呢？答案是八百遍！当时江南的寺庙各藏一本，大家可以想象他得用秃了多少支毛笔呀！用秃了的笔头他就从毛笔上拔下来装进一个大竹筐中，一个大竹筐能装大约二百斤毛笔头。等到攒足了五大筐也就是一千斤用秃了的毛笔头的时候，他就把它们集体埋葬，给这个墓起名为'退笔冢'。这个习惯后来被唐代的书法家怀素效仿了去，怀素说他在梦中得到了'书圣'张芝的真传，所以也开始勤于练习，把用秃了毛的笔头也都收集起来集体埋葬，起名'笔冢'。笔冢，后来就成了勤于练习的中国文化的意象了。"

子曰："学而时习之，不亦说乎？有朋自远方来，不亦乐乎？人不知而不愠，不亦君子乎？"

曾子曰："吾日三省吾身，为人谋而不忠乎？与朋友交而不信乎？传不习乎？"

子曰："性相近也，习相远也。"

吟诵，是中国人读书的方法，有旋律，讲气息，根据文章的意思，文人学子会调整自己的吟诵，中国人就是这样千古传承着自己的文化。《论语》这三则都在说"习"。"习"是温习演练的意思，可见中国人自古学习就重视练习，熟能生巧。

古人学习书法的精神真令人惊讶，这么比起来，我们真的不能算学会了。从此，老师每天早晨都要带着我们吟诵，他在讲台上弹着吉他，我们在座位上吟诵，教室的窗外是茂密的玉兰树，玉兰树上总会有鸟鸣。我们就这样伴着鸟鸣"习"着学过的东西，一切都十分美好。

有一天，老师说："你们知道为什么早晨会有鸟鸣吗？因为鸟儿都是向着太阳飞的，早晨鸟儿感受到阳光了，所以鸣叫准备飞翔。新出生的小鸟一定还不会飞，但它也会对着太阳扇动翅膀，在窝里反复练习着老鸟教给它的飞翔动作，为展翅翱翔做好准备。所以"习"（習）这个字，上面就是一对翅膀，下面就是一个太阳。"老师说："任何一种能力都是反复练习出来的。"

以后再有人问你，你学会了吗？你该怎么回答呢？

影视讲吟诵 第四讲

长短运用

吟诵，是有旋律感地读书，因为将汉语的发音一拉长就成了歌唱。《论语》的第一则，我们已经听嘉兴吟诵过了。这一讲，嘉兴把《论语》中三则带"习"字的话一起来吟诵一遍，让我们感知一下"习"的重要性。

子曰："学而时习之，不亦说乎？有朋自远方来，不亦乐乎？人不知而不愠，不亦君子乎？"

曾子曰："吾日三省吾身，为人谋而不忠乎？与朋友交而不信乎？传不习乎？"

子曰："性相近也，习相远也。"

"习"是个入声字，读到它就会顿挫有力，你自然会关注到它。《论语》的第一则，"学"与"习"并重，孔子在教育我们，不仅要"学"，而且要"习"，古人学习很讲究这二者的关系，吟诵这一则，要将两个字都读得重一些，你对文意的理解就可以通过吟诵展现了。

　　孔门弟子众多，最后主持编纂《论语》的是曾参，就是文中的"曾子"。其实曾子并不是孔门很聪明的学生，为什么他后来成了儒家的重要人物呢？可能是因为他每日"三省吾身"。他在表述前两件他反思的事情的时候——为别人谋划事情是否尽力了，与朋友相处是否讲信用了，句子中都有一个"而"字，这是个虚字，吟诵时要拉长，我们可以感受到他的小心与真诚。因为有拉长的字，那么，这两句的吟诵就会有些慢。而最后一句，"传不习乎"，如果在"传"与"不"之间也加个"而"字，是完全可以的。但是为什么没有呢？因为这样，第三句读起来就会比较快，吟诵的节奏就不一样了，第三句谈的事情明显更为严肃。看来曾子最为看重的是"习"，或许正因如此，孔子去世后，八派传儒，曾子一支最有成就。

读过《三字经》的人都知道"人之初，性本善，性相近，习相远"。这个句子就是取自《论语》中的"性相近也，习相远也"。两句话都有"也"字，读起来要把"也"读得重长，可见孔子给人性下了定义，就是大家其实本性是差不多的，孔子没说人性本善还是本恶，这种给"性"下死定义的话你是从孔子嘴里听不到的。但是他谈到了人们的"性"差不多，所以用了一个"也"字来表示判定。"天性"相近，这是先天的特点，但是后天就人人各异了，所以"习相远"的后面也有一个"也"字，这个字也要读得重长，孔子也在感慨之所以人有那么多的不同，是因为出生以后大家遇到的成长境遇是不同的。但是孔子在这句话中究竟是想强调人性相差不远，还是想强调后天环境对于人的发展十分重要呢？当你吟诵一遍之后，你就会发现"习"这个入声字，令你将注意力关注在了后半句上，于是我们就能知道孔子真的不使劲谈"性与天道"，他在强调人的作为，人要不住地练习，方能成功。

扫描二维码
听嘉兴的声音吧

第五集

不懈钻研

孔子没有因为孔圉做过不恰当的事就否定孔圉的所有优点，而且还特别看重他喜欢学习与钻研的精神。

暅之字景烁少传家业究极精微亦有巧思入神之妙般倕无以

过也当其诣微之时雷霆不能入尝行遇仆射徐勉以头触之勉呼乃

悟父所改何承天历时尚未行梁天监初暅之更修之于是始行焉位

至太舟卿

——《南史》卷七二《祖暅之传》唐 李延寿（中华书局，

2016)

大家好，相信每位同学都躲不开一次紧张的时刻，那就是期末考试。我的数学成绩不太好，一到期末我就紧张。我的老师说，学习数学要有信心，基础阶段的数学学习没有那么难，下功夫就会学好。

一开始我不是特别相信这样的话，因为我看到许多聪明的同学并不是靠努力学习而得到好成绩的。有些人说自己从来不好好练习，随随便便就能得到好成绩。大人们跟我说，别信他们的话，他们在骗你，他们背后都在努力。可是我总能看到他们在玩儿，他们真的那么阴险，玩儿给我看，却在背后努力吗？

我就去问老师。我的老师说："他们说的是实话。"我于是跟老师说："看来'聪明'还是有意义的嘛！"老师笑了，他说："'聪明'有它的优势，但这也容易让人不好好学习。既然简简单单就

可以拿下的东西何必要认真呢？所以聪明的人往往容易不认真，浅尝辄止。如果聪明还能认真，那就会大有效果了。靠聪明的头脑或许能得到好成绩，却不一定得到真正的成果。不喜欢钻研，就找不到乐趣，投机取巧没什么大出息，越往下学习也就越会露出马脚。踏踏实实的人，哪怕进步慢一点也是大有希望的。小聪明的人如昙花一现,努力钻研的人会成为闪耀的明星。"

南北朝时期,有个人叫祖冲之,按照今天人们一惯的说法,他应该算是个数学家——古代没有这种说法。祖氏家族是因为战乱从北方南迁到江南的大家族,这个家族出现过许多名人,据说那个"闻鸡起舞"的祖逖跟他也有亲缘关系。祖冲之的祖辈父辈都是博学的大家,从小耳濡目染读书风气,也学着父辈们博览群书。祖冲之一生曾在刺史的府衙里工作,也做过一方县令。无论在哪里做官,祖冲之都在专注着自己的爱好:数学。他重造了指南车,编出了大明历,首次将圆周率精算到小数第七位。

祖家的这个优良传统也传到了祖冲之的儿子祖暅那里了。祖暅从小就喜欢钻研,学习数学的时候非常认真。有一次他在家中研究一道数学题,突然间,屋外雷声大作,一个震天的响雷把一家人吓得够呛,以为天要塌下来了。家人回头一看,祖暅还在那里认真算着那道数学题,没有一点反应。家人问他:"你听见雷声了吗?"他一脸茫然,说:"刚才打雷了吗?"家人都笑了。

这位祖暅连走路都在做题,脑子里都是数学公式，估计他的眼前全是数字、方程，天地万物都不在了。有一次，他走着走着，突然就撞到了一个人的身上，这人不是别人，是当朝的仆射徐勉。仆射是大官，相当于部长。这位徐勉可是被撞得够呛，哇哇大叫起来，祖暅这时才发现自己撞了人。

祖暅这样专心，不断钻研，到了中年的时候，他开始怀疑北极星是否真的在天空的正北端。于是他先立了一根 8 尺长的铜棍，棍底部有一个带槽的石圭，圭里放满水。每隔半个时辰，他就用规、尺测量铜棍的影子，并记录下来。夜晚，他用干粮填饱肚子后，又坚守在铜棍边，观测天上北极星的位置。就这样，他默默地守着这个简陋的天文观测站，不论寒暑，不分昼夜。两年后，他终于用翔实的数据证明：北极星并不在地球的北极上空，而是与北极相差"一度有余"。后来北魏攻打南朝，俘获了祖暅，对他尊重有加，不敢对他有一点点冒犯。

子贡问曰："孔文子何以谓之文也？"
子曰："敏而好学，不耻下问，是以谓之文也。"

我的老师说，《论语》是古人拿来吟诵的读物，《论语》中大量出现虚字，吟诵时要将这些字或长或重地表现，文意就显现出来了。比如"孔文子何以谓之文也"，这句中的"也"字要拖长，这句话的语气就显得很重。这是个问句，可见问者对于一件事情很不解，什么事情呢？

孔子晚年最后见到的学生可能就是子贡，卫国大夫孔圉去世了，卫国给他的谥号为"文"，这是个很伟大的谥号。但孔圉这个人可能生前做过一些很过分的事情，子贡就质疑说他怎么能称得上"文"呢？

孔子就说，孔圉是个很聪明的人，这种人一般是不好学习的，但是孔圉非常好学，到处向人家问问题，所以他称得上"文"这个字。孔子没有因为孔圉做过不恰当的事就否定孔圉的所有优点，而且还特别看重他喜欢学习与钻研的精神。这一方面因为孔子有博大的包容精神，另一方面，也可见这种钻研的学习精神在孔子眼里有多么重要。

你在学习的道路上是炫耀聪明者还是不懈钻研者呢？

"也"字判定

有关于"也"字的读法，前几讲已经提及，这一次再详细说一下。先秦的散文中，有可能从《论语》开始大量出现虚字，有些研究者说，这是因为孔门弟子编辑《论语》时，要用不同的虚字来记录孔子的语气。"也"字往往表示非常肯定的语气，读起来要重一些，要把本句的意思定性下来。

子贡问曰："孔文子何以谓之文也？"

子曰："敏而好学，不耻下问，是以谓之文也。"

子贡对于孔圉的谥号可算是"大为不解"，因为卫国的太叔疾曾经娶过宋国子朝的女儿，子朝从宋国逃走后，孔圉就让太叔疾休了子朝的女儿，娶了自己的女儿。结果太叔疾又与子朝的另一个女儿好上了，孔圉就要带兵攻打太叔疾，这事儿被孔子劝说住了，最后孔圉把女儿接回了家。太叔疾是卫国的贵族，孔圉是大夫，孔圉的行为岂不是以下犯上吗？谥号是一个人去世后，后人对他的评价，而"文"这个字在谥号中是很好的评价。"也"字出现在疑问句中是不常见的现象，而在这里重读一个"也"字，是不是可以令你感觉到子贡的疑问之大呢？

　　孔子是很有包容精神的，并不因为一个人的某一方面而否定他的所有，何况孔圉的愤怒还是有原因的，孔子并不迂腐。"文"在谥号中有许多含义，"敏而好学"也是"文"的一个层面，所以孔子觉得孔圉也配得上"文"这个字，并用了"也"这个字来判定孔圉在这一方面的优秀。因此，重读这一句的"也"，你是不是可以感受到孔子有多么地能"知人"呢？.

扫描二维码
听嘉兴的声音吧

第六集

不急不躁

当你动不动就放弃的时候，你有没有想过能力的养成并不是先天的，而是需要不急不躁，耐心地反复训练，遇到失败就会急躁的人，是很难成功的。

陈康肃公尧咨善射当世无双公亦以此自矜尝射于家圃有卖油翁释担而

立睨之久而不去见其发矢十中八九但微颔之康肃问曰汝亦知射乎吾射不亦

精乎翁曰无他但手熟尔康肃忿然曰尔安敢轻吾射翁曰以我酌油知之乃取一

葫芦置于地以钱覆其口徐以杓酌油沥之自钱孔入而钱不湿因曰我亦无他惟

手熟尔康肃笑而遣之

——《归田录》北宋 欧阳修（上海古籍出版社，2012，历代笔记小说

大观）

大家好，欢迎大家收听我的学习分享。

最近体育课上开始学习篮球运球，操场上立几个杆子，我们要运球绕过这些立杆并在指定时间内回到出发点。这可难坏了一些同学，他们的成绩很不理想，于是也就对这个运动没有信心了。有一位同学脾气很大，在一次训练中，屡屡失败，老师让他再来一次，他将篮球往地上重重一摔，扭脸就走了。体育老师当然对这种事情很生气，于是就告诉了我们的班主任盈视老师。

我的老师就问这位同学为什么要放弃呢？这位同学说，有人能运好球，估计是天生的本事，但是他就是运不好，可能也是天生在这个项目上就不如他人，又不能人人都是库里、科比、詹姆斯，所以他就想得过且过，在别的项目上再努力就是了。而且他说他的脾气一向就这么大，可能篮球运球这项运动需要好脾气的人，他控制不住。我的老师就笑着对他说："我知道一个比你脾气大的人。"

北宋时期有个人叫陈尧咨，他特别善于射箭，世界上没有第二个人能跟他媲美，他就经常借着这射箭的本领，到处去自夸。有一次他又在自家的场地练习，有个卖油的老翁放下担子站在那里斜眼看着他，很久都没有离开。陈尧咨射十支箭有八九支都能中，准头这么高，卖油翁却只是对他笑了笑。

陈尧咨看这个老头对他很轻蔑，就跑过去说："你也懂射箭呀，难道我的箭法不够高明吗？"那个老头说："其实也没什么，不过就是练熟了罢了。"陈尧咨很生气地说："你怎么敢轻视我的箭术？"卖油的老翁说："凭我倒油的经验就可以懂得这个道理。"

于是他拿了个葫芦放在地上，又把一枚铜钱搁在葫芦口上，慢慢地，用他的油勺往那个葫芦里沥油。我们知道，铜钱上有个方孔，这个方孔是很小的，但是这个老翁沥的油居然全部都从这个孔当中穿过去了，铜钱却一点儿也没有湿。沥完油之后，这位卖油翁说："其实我也没有什么奥妙，只不过是手熟练一点儿罢了。"陈尧咨笑着将他送走了。

我的老师说，欧阳修晚年退居颍州，经历了人生的许多起起落落，似乎将一切都看清了，他回忆起生活中的种种事情，于是创作了一部《归田录》，《卖油翁》的故事就来自这部书。欧阳修将卖油翁写得很潇洒，并将陈尧咨的暴躁脾气好好讽刺了一番。这位后来被封为康肃公的陈尧咨，真的是个性格很暴躁的人，《宋史》说他"性刚戾，数被挫，忽忽不自乐"。就是说，他性格非常厉害，只要受到挫折，突然间就不高兴了。我们也能发现陈康肃公的脾气确实不好，那个卖油翁仅仅是斜眼看他，他就急躁地质问起来了，认为人家轻视他的箭术。我的老师说，史书记载陈尧咨的箭术很强，但他的妈妈却因此批评了他，这很可能是因为他并未学到箭术的精妙。我们就问："箭术的精妙到底是什么呢？"

子曰："君子无所争，必也，射乎！揖让而升下，而饮，其争也君子。"

　　我的老师说，这句应该是孔子在和学生们交流射箭的心得。老师说，君子所在乎的，是那种君子之气，而不是射中还是没射中箭靶的靶心。所以射箭时才会有许多礼仪，那都是为了调整人心用的。比如，射箭时君子不仅要互相揖让，还要相互敬酒等等。对待成功与失败是否有耐心，是否有信心，敢不敢坚持，都是君子之气的表现。

　　礼、乐、射、御、书、数中的射就像是我们今天课程中的体育吧。可见，中国人在看待体育这门学科时，认为它锻炼的不仅仅是身体、体能，更是一个人的心理素质。老师说，《仪礼》中对于射箭提出了五个要求，第一个要求就是"和""内志正，外体直"，翻译成现代文就是内在的心意要端正，外在的身形要挺拔。像陈尧咨这样，虽然箭术很高，却一点就着火，脾气这么大，他算具备了君子之气吗？

　　我的这位同学当时并没有向我的老师表示些什

么，而日后的体育课上，他的确努力练习了起来，虽然他依然不能一帆风顺，但是耐性倒是多了一些。

总听大人们说我们是中国的小皇帝、小公主，任性而有脾气，你在学习上也是如此吗？遇到失败就会急躁吗？那么我们是不是都该想想，我们即使提高了能力，提高了成绩，我们也具备了"君子之气"吗？

影视讲听诵 第六讲

明断句读

　　所谓"句读"，就是句子的停顿处。古书上是没有标点符号的，读书该在哪里停顿呢？学生一开始跟着老师读，老师会教你在哪里停顿。读得多了，学生自己就明白该在哪里停顿了。比如，"也"字往往跟着前面的字读，"也"字后面是停顿处。

　　曾经看过一部电视剧，一个中国古代的王后对着士兵们说："你们奋力拼搏不仅为了帝国也是为了你们自己，是也不是？"演员读到这句台词的时候，是这样断句的："是，也不是？"这样的断句让人费解。难道大家奋力拼搏，一方面是为家为国，另一方面也不是为家为国？这句话的正确断句法应该是：

"是也，不是？""也"字跟着前面的"是"。

子曰："君子无所争，必也，射乎！揖让而升
下，而饮，其争也君子。"

这句话中，"也"字跟着"必"字读，"必"是
个入声字，短读，"也"字重长来读，一短一长，味道
就出来了。孔子说，君子之间是没有什么争执的，只有
一个争执是必需的！短读的强调，重长的判定，很好地
引出了"射"这种技能的重要！

在这句的结尾，"也"字要跟着"争"字读，读
得重长一些，可以理解为"这种争执啊，也是体现着
君子之气的"！这样就可以读出语气了，读出了语气
也就能清楚孔子在强调那份"和"，即雅致的争执。

"揖让而升下而饮"，这句话有很多种断句的方
法，我比较同意如上文所示的那样的断句。因为吟诵
时，"而"字是要拖长的，所以很自然地将"升下"与
"饮"并列了起来，也就是说，上台阶，下台阶，喝酒
都是射箭时的必要环节，而这些环节都要先揖让才可以
进行。这样的诵读，就可以让我们体会到整场射箭活动
的那份文质彬彬之感了。

第七集

不忘體悟

书是读得越多越好呢，还是读几本书细细品味就够了呢？其实这两者并不矛盾。关键在于学习是一种需要，越深入地学习越能体悟到那份快乐。

孔子学鼓琴师襄子十日不进师襄子曰可以益矣孔子曰丘已

习其曲矣未得其数也有间曰已习其数可以益矣孔子曰丘未得其

志也有间曰已习其志可以益矣孔子曰丘未得其为人也有间有所穆

然深思焉有所怡然高望而远志焉曰丘得其为人也黯然而黑几然而

长眼如望羊如王四国非文王其谁能为此也师襄子辟席再拜曰师

盖云文王操也

—— 《史记·孔子世家》西汉 司马迁（中华书局，2009）

中华经典普及文库）

大家好，欢迎大家收听我的学习分享。

我们使用的语文书，是我们学校自编的教材，这套自编教材十分注重读书这件事。我的老师说，古代学生上学的时候主要任务就是读书，所以管上学就叫读书。大家询问起别人家的孩子们上了几年学，就会问：您家公子读了几年书啦？可见能读书是件令人骄傲的事情。所以我们的自编教材鼓励同学们多读书，读好书。新的学期，班级里就会组织读书交流会，大家就像推销自己家产品一样推销自己读过的好书。有的同学读的书籍特别多，一下拿来一大摞书，一本一本地介绍，我们很羡慕，本届读书交流会的读书冠军无疑是他了。

下了课我就去问老师："您认为，读书是越多越好呢，还是读几本书细细品味就够了呢？"我的老师反问我说："你这两个选项我可以都选吗？"

孔子跟师襄子学琴，十天都没有换一首曲子，这时候师襄子说："你呀，可以换一首了。"孔子说："我虽然已经练熟了这首曲子，但是没有得到这首曲子的演奏技巧。"又过了十天，师襄子说："你已经学会了这首曲子的演奏技巧，可以换下一首了。"孔子说："我虽然得到了这首曲子的演奏技巧，但是我还没有得到它所代表的含义。"又过了十天，师襄子说："你已经知道了这首曲子的含义，可以换下一首了。"孔子说："我还没有想到写这首曲子的是哪个人呢。"于是，孔子又开始练习，又过了十天，孔子说："我感觉这个人长得黑黑的，特别高，而且眼睛很深邃，是个能统治四方的人，作这首曲子的人不会是周文王吧？"师襄子赶紧离开席子，对孔子拜了再拜，说："我的老师教我这首曲子的时候告诉我，这首曲子叫《文王操》。"

子曰："知之者不如好之者，好之者不如乐之者。"

孔子说，了解一样事物的境界不如喜好这样事物的境界，喜好一样事物的境界不如以此为乐的境界。我的老师说，学习是一种需要，或者是为了满足自我的兴趣，或者是为了缓解心灵的一份不快，所以越深入地学习越能体悟到那份快乐，并不用别人督促，也不用跟随别人的脚步。自己跟随自己的心不断地体悟，不断地深入，不断地享受其中。我的

老师说，当孔子刚刚能够熟悉乐曲的演奏技巧的时候，他仅仅只是个"知之者"吧，等他体悟到了乐曲的含义，也不过就是个"好之者"了，最后，当他深入其中甚至产生幻觉后，那才算得上是个"乐之者"了!

我的老师说，孔子五十多岁当上了鲁国的代理国相，这是一个诸侯国中除了国君以外的最高职务了。鲁国的大权并不掌握在鲁国国君手里，而是掌握在三位大臣手里，他们分别是孟氏、叔氏和季氏。孔子很想帮助鲁国国君收回自己的权力，他准备拆除三位当权大臣封地的城墙，因为他们的城墙都超过了应有的规制，历史上称之为"堕三都"。孔子要通过"堕三都"来灭灭他们的威风。结果拆到孟氏的城墙的时候受到了孟氏的阻挠，原本配合孔子的叔氏与季氏也转而加入了反对孔子的阵营。而这位反对孔子的孟氏，还是孔门的弟子，所以孔子很伤心。后来，鲁国在春天进行郊祀，按照规定郊祀的祭肉要分给各位亲近的大臣，而这一次没有发给孔子。孔子在灰心之下决定周游列国，他第一站到达的就是卫国。

他遇到了卫国的师襄子，向他学习音乐。为什么要学习音乐呢？因为中国人认为音乐不仅仅是艺术，它还是用来调节心情的工具。所以中国古老的音乐总会趋向于中正平和。我们可以想象孔子此时多么想通过音乐来调节自己受伤的心，当外在的世界不能改变的时候，他很希望通过音乐来修己，以此面对人生的不平。

我的老师说，师襄子是个乐师，他首先关注的是音乐的演奏技巧，所以孔子一旦掌握了演奏技巧，他就劝孔子学习一首新的乐曲。可是孔子不是这么认为的。当他熟悉了演奏技巧后，他就想了解音乐表现的志向，还想了解作音乐的人。我们可以说他简直不是来学音乐的，他是来找"弦外之音"的。然而这正是中国古人学习音乐的基本特征，就是你要不断地体悟。寻找一首好的音乐，体悟它的味道，体悟它的感情，找到它的作者，了解他的为人，探索他作音乐的原因，慢慢地被这首音乐的精神所影响，从而自己的心性也高雅起来。

或许师襄子教孔子演奏这首音乐是偶然的，但是孔子却在不断演练中感受到了周文王的为人。所以孔子在最后说他感觉作这首音乐的人有时深思，有时肃穆，眼睛深邃如汪洋，这表面是在说周文王其实也是在说自己。周文王为了让周部落发展壮大，苦心经营，遇到困难重重，相传纣王为了遏制周人的发展，曾经囚禁周文王，杀掉他的大儿子。但是周文王依然坚持忍耐了下来，给周武王建立周朝打下了坚实的基础。孔子通过反复弹奏《文王操》，终于体悟到了文王的精神，所以也决定继续努力，绝不放弃。

　　我的老师最后问我说："孔子曾经向许多人请教，进太庙，总要询问礼，见到老聃询问做人的道理，见到苌弘询问乐理等等，所以他有博学的名声。如此说来读书和学习是不是越多越好呢？其实通过孔子学琴的故事你是不是也觉得如果找到一本与你的生命有契合的书，就像孔子遇到了《文王操》这首音乐，是不是也要细细品味，不忘体悟呢？"

影视讲吟诵 第七讲

"之""者"重长

吟诵的时候，有些"之"字是要拖长的。比如，我们谈到过的第一则《论语》中"学而时习之"的"之"字就应当拉长。因为这个"之"是代词，代的是孔子希望你学习的内容，从技术上说，就是礼、乐、射、御、书、数，从书籍上说就是《诗》《书》《礼》《易》《乐》《春秋》。孔子的意思是，只有学习这些我才能保证你快乐，学别的我可就不知道如何了。所以，这个"之"字的含义很丰富，能不拖长来读吗？

子曰："知之者不如好之者，好之者不如乐之者。"

这句《论语》中的"之"就是代词，代表的就是学习的内容。孔门学习的内容刚才已经提及，那是国学的核心内容，故而要拖长来表现这句话的含义。我们以前只知道要将"知""好""乐"这些语义强烈的关键字重读，却不知道这些"之"字也是句子的眼睛。嘉兴在本集中讲了孔子学琴的故事，也真的只有乐这样的事物，才能让人不断深入地去体悟，体悟到无限奥妙，感受到心灵的愉悦！所以"快乐"与"音乐"在古代居然就是一个词演变出来的。

另外，本句话中的"者"字也要重长来读。

"者"字在这里可以理解为"人""情况""境界"等，无论理解为什么，孔子要比较的，其实是这三个"者"，它是这句话的落脚点。上古的时候，这个字的发音还是开口的，读起来给人很隆重的感觉。"者"又是三声，有上扬的感觉，读起来事情似乎变严重了！

　　所以，我翻译这句的时候，愿意将其翻译为"三种境界"，或许这样更能传达"者"的发音带来的感觉。重重长长的吟诵，方能明白什么是不断体悟，才能达到享受的境界。

扫描二维码
听嘉兴的声音吧

第八集

不變真情

你上课也要向老师行礼吗？你真的了解行礼的深意吗？从古至今，礼仪的形式不断变化，但是不变的，一定是师生间的真情和用礼仪来表现真情的这种习惯啊。

孔子既得合葬于防曰吾闻之古也墓而不坟今丘也东西南北

之人也不可以弗识也于是封之崇四尺孔子先反门人后雨甚至孔

子问焉曰尔来何迟也曰防墓崩孔子不应三孔子泫然流涕曰吾闻

之古不修墓

——《礼记·檀弓上》（中华书局，2016，中华国学文库）

大家好，欢迎大家收听我的学习分享。

你上课也要向老师行礼吗？是不是班里有个同学喊上课、起立，大家一起向老师问好，老师说同学们好，然后同学们一起坐下呢？

我的老师说，古人不这么行礼，各个书院有不同的行礼方式。我们读过鲁迅先生的《从百草园到三味书屋》，文章里说，小朋友们到达了三味书屋后会对着一张古画行礼，先生在一旁答礼。

怎么行礼呢？我的老师教我们左手搭右手，双手在胸前抱圆，对着老师作揖。

我的老师说，中国古代行礼的姿势也是不断演变的，先是搭手，后来变为拱手、插手等。班里的女同学问："女孩也这么行礼吗？"老师说："女孩行礼也可以双手搭在一起，但是放在腰部，下蹲行礼。"我的老师说："现在男女平等了，礼也可以随着时代有所调整，女生也可以在胸前抱圆，只

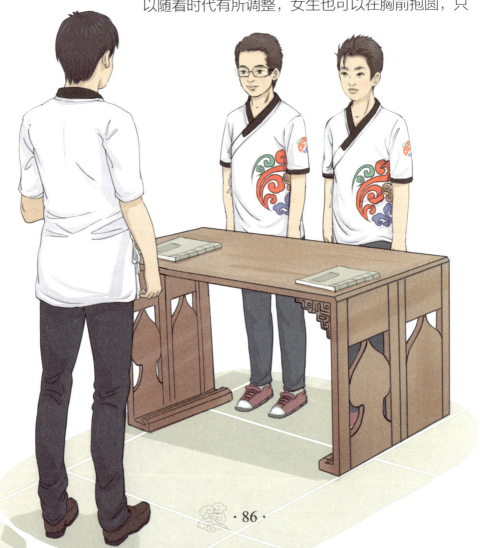

是右手搭左手就好，因为左为阳右为阴，正所谓男左女右嘛。"我们问："除了上课，平时还有什么时候要行礼吗？"我的老师说："古人不像我们今天这样一节一节地上课，他们早晨开始一天的学习时会行个礼，然后就是见到老师时一定要行个礼。"我们中间有个淘气的同学问："这也太麻烦了，为什么非要如此呢？不行礼行不行？"我的老师就讲了个故事给大家听：

孔子在鲁国做了大官之后想要报答他的父母，可是他的父母呢，都已经去世了，他就想把父母合葬，然后再修缮一下坟墓。孔子就想："我听说古人在坟前是不修坟包的，可是我经常去各个国家，回来的时候，不可以不知道父母葬在哪里呀。"于是他就带着学生修了一个四尺高的坟包，以后就可以当作标记了。孔子在修完坟包之后，就先回去了。他的弟子留在那里继续做一些善后工作。过了一会儿开始下雨了，而且越下越大，过了好一会儿孔子的学生才回来，孔子很着急地问他们："你们怎么回来得这么晚呀？"学生们回答说："刚才大雨冲塌了咱们修的那个坟包，我们又拿土把它填好了。"孔子听完之后突然就不说话了。于是，学生们问了他好多遍："您怎么了？"孔子流着眼泪，自言自语地说："我早就听说古人是不修坟包的。"

我的老师说，据史料记载，人类生活早期，是没有修坟建墓习俗的。亲人去世后也不让埋葬，而是把尸体抛在荒郊野外，让狐狸吃掉，让蝇虫腐蚀掉。后来人们开始相信人是有灵魂的，于是开始慎重地对待尸体，人们向地下挖出一个竖穴，将尸体放于底部，周围放一些柔软的树枝、树皮或者乱草，最后再用土填实，地面上不留任何标志。我们今天所看到的墓地上的高高的坟包，应该是孔子发明的。"坟"这个字，最早是高高的土堆的意思，后来就用来表示墓地前高高的土堆了。

老师问我们："孔子为什么要创意性地设计出坟包来呢？"我们说："孔子说了呀，他是个四海为家的人，需要设计出标记，为了方便辨认。"我的老师说："这只是最现实的原因，而不是最根本的原因。"

孔子的爸爸叔梁纥本是宋国的贵族，他大概

六十几岁的时候才遇上了孔子的妈妈颜征在。颜征在的年龄很小，他们的婚姻不符合当时的礼制，所以颜征在很可能也没有经过明媒正娶。孔子三岁时，叔梁纥就去世了，他长大后都不知道爸爸葬在何处。颜征在含辛茹苦地把孔子养育成人，也早早离开了人间。孔子想让父母合葬，就把妈妈的棺材停在大街上，问大家谁知道爸爸葬在了哪里。后来有个好心人告诉了他实情，他才让父母合葬了。孔子没有接受过几年父爱，而父亲的家族却给了他无尽的荣耀，宋国的那些列祖列宗的伟大事迹使得孔子从小就被人看好。而母亲又为他的成长操劳过度，年纪轻轻就去世了。所以孔子与父母之间的感情是非常深的，他珍惜和在乎这份感情，所以当他在鲁国做上大官后，便很自然地想要将父母的墓重新修缮，所以修起了高高的坟包，自此后世都纷纷效仿。修坟包的人如果只是学到样子而已，却不能去体会孔子与父母的感情，这实在是有些遗憾的。

老师说，墓葬一定要起一个坟包，后来也算是一种礼仪制度了。但这礼仪制度的制定是源于父母亲与子女之间的这份亲情。所以，我们先要做个有情的人，要善于去体会情感，感受情意，情意浓重，于是想要尊重，中国人对待去世的人都如此尊重，更何况是与你朝夕相处的身边人呢？我们自从上学以来，每天与老师相处的时间比爸妈还要多，老师传授知识，教我们做人，我们如果与他们有情意，又怎么能不用一定的形式进行表现呢？我的老师说，双手环抱，深深一揖，师生间相互对拜，在这相互的揖礼中，传递的是彼此的情意：为师的要尊重学生，体量他的学习困难，学生也要尊重老师，感恩他的倾囊传授。这样的场景情意绵绵，延续千年，感人至深，不该代代延续吗？

林放问礼之本。子曰："大哉问！礼，与齐奢也，宁俭；丧，与齐易也，宁戚。"

林放是孔子的学生，他向孔子询问礼的根本是什么，孔子对他说："这是个非常好的问题。礼这件事与其那么奢侈，不如节俭一些为好；就像丧礼，与其准备得那么完备，不如心里真正地悲哀一些才对。"我在想，孔子其实没有直接回答林放的问题，但是可以体会到孔子所说的"礼之本"是一种真情吧。唯有情感才是真实的，一切外在的形式很必要，但一定要有情感依托。我们听完了孔子修坟的故事之后，也曾经问过老师，为什么学生问了好几遍孔子，孔子才回答他们，而且为什么孔子在故事的结尾感叹说古人是不修坟的呢？我现在在想，孔子或许在自责吧，他是不是觉得他把父母的墓堆一个土堆，这样的形式太过了呢？自己这么注重形式，不还是被雨冲塌了吗？可是我又想劝劝孔子，他的所作所为是真情的流露，只要有真情在，做得过一点也是无妨的。

老师最后说："礼仪的形式可以不断变化，从不埋葬到埋葬，从不起坟包到起坟包，可以根据实际情况改变。就像行礼的方式也经历了千年变化一样，今天我们都改为向老师鞠躬了，这是从日本传回中国的礼仪形式，这也很好。但是不变的，一定是师生间的真情和用礼仪来表现真情的这种习惯！"

对比强烈

礼重情，外在的形式是为了表现内在的感情。所以过于注重外在形式，孔子是反对的，当然，不注重外在形式也是不行的。儒家讲究中庸，要合适才好。所谓合适，就是正好表现了你的情。

林放问礼之本。子曰："大哉问！礼，与齐奢也，宁俭；丧，与齐易也，宁戚。"

当林放问到"礼之本"的时候，孔子很兴奋地觉得这个孩子"可教也"，因为他知道寻根溯源了。所以原本应该放在句尾的"哉"在这句话中提前出现，变成"大哉问"。"大哉问"与"大问哉"感觉明显不同，前者强调的是"大"，后者强调的只是"问"。"哉"字是开口音，读到这个字的时候可以努力表现它的发音特征，比如嘴巴张得大一些，读得稍微长一些。这就能感觉到一个"哉"字把"大"的味道都衬托出来了，也能感受到孔子听到这个问题时是多么兴奋了。孔子觉得林放简直是太棒了，所以后来季氏想要去祭祀泰山的时候，孔子认为他不懂礼，就说他不如林放。

后面的两句话在句式上是一样的，但是吟诵出来味道明显不同。因为前一句的"奢"是平声，"俭"是上声，读起来感觉平缓一些。孔子在感慨，不要太奢侈，简朴一点就很好，这种语气基本上是劝慰，没有那么厉害。而后一句就不是了。"易"和"戚"都是入声字，读起来就会比上一句顿挫感强一些，这明显比前一句要厉害。"易"是完备的意思，孔子说，如果丧礼做得极为完备，每个细节都特别到位，反而有点假，因为亲人去世，应该很悲伤，但是你居然很有心情认认真真地做好每个细节，就说明你很可能并不那么哀伤。不如心里真的"戚"一些，哪怕做不到位也没关系。

一句舒缓，一句严厉，吟诵时对比得明显一些，方能更好地展现文义。

扫描二维码
听嘉兴的声音吧

第九集

不在他人

比赛的时候，你最关注名次还是自己的进步程度？那些总想赛过别人的人是学习的真正主人吗？其实在学习中你需要超越的，只有你自己。

赵襄主学御于王子期俄而与子期逐三易马而三后襄王曰

子之教我御术未尽也对曰术已尽用之则过也凡御之所贵马体

安于车人心调于马而后可以进速致远今君后则欲逮臣先则恐

逮于臣夫诱道争远非先则后也而先后心在于臣尚何以调于马

此君之所以后也

——《韩非子·喻老》战国 韩非（中华书局 2015 中华

经典名著全本全注全译丛书）

大家好，欢迎大家收听我的学习分享。

你喜欢比赛吗？

比如说，考试就是一场比赛，我的学校并不把考试成绩的排名公布给同学们，可我们也大概能猜到自己在班级里的位置如何。有的同学的家长就鼓励他要在班级里找一个人作为自己追赶的目标，天天关注他的所作所为还有他的成绩，努力超过他，比他做得还要好，等到超过了他，就再去寻找一个新的目标。

我有个朋友跟我说，在他的学校里，老师会把同学们按照成绩排队，根据分数安排座位，让大家一目了然谁在成绩上是你的敌人，然后在班级里贴出口号，口号是：你的敌人在努力！

我就在想，我的老师为什么不在班级里做这样的活动呢？他也从来不在班级里设置什么学习标

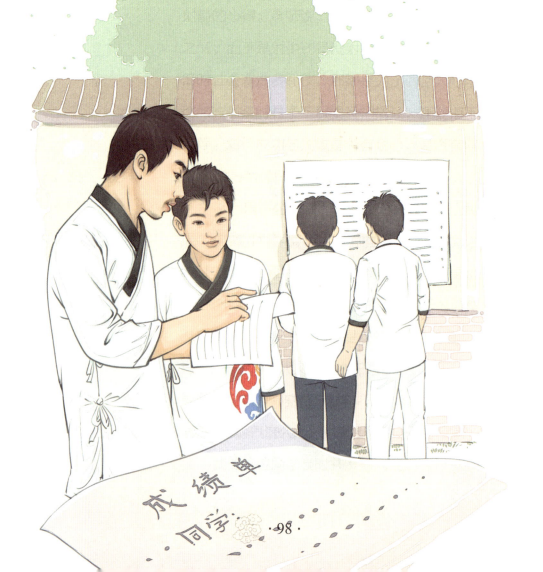

兵，也不要求我们向别人学习，和别人比赛，他还有意地避讳排名。有一次，我们偷偷到办公室去查看他桌子上的一张成绩排名表，他生气地当着我们的面把那张纸撕了！

我就奇怪地问老师："古代有没有比赛，古人讲不讲竞争？"老师说："有比赛，射箭要比赛，驾马车也有比赛。古人也讲竞争，甲骨文的'竞'字应该是两个奴隶在比武。《说文解字》里说'竞'是追逐的意思。"

我于是继续问道："那您为什么不许我们关注比赛和竞争？"老师反问我说："我有不让你们比赛和竞争吗？"他继续说："比赛和竞争是人生避免不了的课题，还会促使你进步。但是到底怎样才能让自己进步乃至胜利呢？"我们都丈二和尚摸不着头脑了，摇头说不知道了。于是他讲了下面的故事：

战国的赵襄主跟王子期学驾马车，没过多久，就想跟王子期比赛，但是他换了三次马，每一次都在王子期后面。赵襄主就说了："你教我驾马车，但肯定留了一手，没有完全教给我。"王子期回答说："我已经把所有的技术都教给您了，只不过是您用错了。驾马车最重要的就是马和车配合得好不好，人和马配合得好不好，只有配合得好，速度才能变快，马车才可以到达更远的地方。但是您现在在我后面，就想着追上我，在我前面，就怕被我追上。可是比赛驾马车，不是在后面就是在前面，您现在所有的心思都在我的身上，怎么能和马达到配合呢？这就是您落后的原因。"

这位赵襄主，在历史上被称为赵襄子，他是晋国赵氏贵族的一位继承者，他的孙子就是战国时期赵国的第一位君主赵烈侯。赵襄子所处的时代，晋国的国君已经不管事儿了。赵氏家族、魏氏家族、韩氏家族，还有智氏家族掌握着晋国的土地和大权。他们各家都在想着如何防着别人，如何灭掉他人。赵襄子却转而关注赵氏家族内部的团结，努力经营自己的封地，慢慢地把赵氏家族做大了。后来智氏家族的老大智伯要灭赵襄子，赵襄子的实力是打不过智伯的，何况智伯还联合了韩氏与魏氏。赵襄子守住大本营晋阳，派人去团结韩氏与魏氏，反而灭掉了智伯。赵氏家族由此做大，这为他的子孙赵烈侯在战国称雄打下了坚实的基础。赵襄子后来论功行赏，给一个叫高共的大臣很高的赏赐，别的大臣们就说："晋阳一战唯独高共没有功劳，为什么给他这么高的赏赐？"赵襄子说："当智伯的大军围困晋阳的时候，许多大臣都去关注敌人，分析军情，于是觉得赵氏家族一定会失败，开始变得傲慢无礼。只有高共很淡定，对我以礼相待，坚定地相信可以胜利，所以我鼓励大家向他学习。"

不出户，知天下；不窥牖，见天道。其出弥远，其知弥少。是以圣人不行而知，不见而名，不为而成。

老子说，不出门就能知道天下的事儿，不望向窗外，就可以了解这个世界的规律，你想得越远，你能了解得越少。所以圣人是不妄动、不瞎看、不随便折腾的。

我的老师说，老子的意思可能并不是觉得人只要宅在家里就真的可以了解天下了，他那个时代又没有网络，他怎么可以知道呢？老子是在用这种极端的话，提醒你，你连自己都不了解，你又怎么能成功呢？你应该自省，看自己的优点与不足，研究自己比研究他人重要得多。

　　赵襄主学习驾马车的故事来自《韩非子·喻老》篇。所谓"喻老"，就是通过讲故事的方式明白老子的思想。我的老师说，韩非子讲的故事是不能当作真正的历史来相信的，他讲故事往往是要说道理。韩非子在讲赵襄主学驾马车这个故事之前就引用了老子的这段话，无外乎要告诉我们一个道理，就是心中要有主，不要把过多的精力关注在自己以外的事情上，成功与否，在于自己，不在他人。

　　我在想，虽然这个故事不一定是真的，但是遍观赵襄子的一生，他还真是一个老子所说的心中有主的人。

　　我的老师说："学习是需要安静的，外界安静与否不重要，内心宁静，关注自我才很重要。你们在学习这件事情上关注的外在事物太多了，他人的成绩、比赛的结果、同学间的面子、家长的批评等等，这都无法让你安心学习。比赛是用来肯定你的进步和刺激你前进的，不是用来干扰你的学习的。所以，那些总想赛过别人的人，只是斗鸡场上的一只斗鸡，不是学习的主人。"

我们听后也开始反思，看来我们真不该把太多的精力放在关注别人的身上，我们也该低头好好地去研究自己的问题，提高自己的能力，说不定哪天一抬头已经走在了队列的前方。

你也很关注别人的成绩吗？你也很想超过别人吗？其实在学习中你需要超越的，只有你自己。

电视讲吟诵 第九讲

潇洒多姿

　　吟诵，有些规则很明确，好把握。比如长短高低。有些规则需要体味，把握味道。比如，不同的作品要有不同的吟诵风格展现。《论语》的风格比较直接，简单来说，吟诵起来，曲调不必太丰富，但要朴质刚正。而老子是陈国人，钟灵毓秀之地，产生对于天地大道的灵动理解，故而《老子》的风格是潇洒多姿的。

不出户，知天下；不窥牖，见天道。其出弥远，其知弥少。是以圣人不行而知，不见而名，不为而成。

老子说的话，往往要用"反而"才能翻译清楚。比如，不出家门，不望向窗外，反而能知道天下大道。走出去越远，反而知道得越少。这种表达习惯带着一股看透一切的逍遥之感。所以老子的形象总是仙风道骨的，孔子的形象总是风尘仆仆的。

简单来说，吟诵《老子》的时候，语气不能太硬。吟诵前先把自己的心态调整到自然、舒适、稳重的状态上，语气也就舒缓下来了；吟诵的时候把曲调丰富起来，可以有意地去玩味一些字，拉个长声，转个音调，来唱潇洒的炫耀，再微笑起来则更好。

本章的前两句，因为上半句有入声字，下半句没有，所以上半句可以快一点，下半句要慢一点，那种"得道"的感觉要明显。

吟诵到最后一句的时候，要尽量放慢语速，努力拖长那几个"而"字，感受那份圣人的无为而治。

· 第三部分 ·

六经为始

所谓国学，惟六艺足以当之。历代书生学习，
皆始于此。易曰："君子慎始。
差若毫厘，谬以千里。"

扫描二维码
听嘉兴的声音吧

第十集

不二法門

中华文化在漫长的历史长河中经历了许多变化，可能正是因为有六经作为根基，影响着中国人生活的方方面面，所以中国人才能永远保持着自己的文化特色。

陈亢问于伯鱼曰子亦有异闻乎对曰未也尝独立鲤趋而过

庭曰学诗乎对曰未也不学诗无以言鲤退而学诗他日又独立鲤趋

而过庭曰学礼乎对曰未也不学礼无以立鲤退而学礼闻斯二者陈

亢退而喜曰问一得三闻诗闻礼又闻君子之远其子也

——《论语·季氏》（中华书局，2015）

大家好，欢迎大家收听我的学习分享。

　　你的学校也学国学吗？有一天我们问老师："古代的小朋友也上国学课吗？"老师笑了，他说古代没有"国学"这个词。清朝末年，西方的文化、技术都传入了中国，中国的普通民众开始开眼看世界了。所以在那个时候，有人就提出了"西学"的概念，与西学相对的，应该就是中国文化，叫"中学"。

　　"国学"这个词可能是从日本那里传来的。近代，日本人提倡学习日本本土文化的精髓，于是提出了"国学"，这应该指的是日本国的学问，中国也把这个词借鉴了过来，把"中学"这个词又替换为"国学"了。我的老师说，古代没有西学，大家学的全是国学，也就没必要说是"国学"了。

　　我们继续问："中国的学问到底是什么学问

呀？"我的老师喜欢用一句《论语》里的话来形容我们问得很好的问题，那就是"大哉问"。老师于是说："大哉问！著名的国学大师马一浮先生说，唯'六艺'以当之。就是说有六本经书是中国学问的源头，可以称得上是国学，这六本书就是《诗》《书》《礼》《乐》《易》《春秋》。"我们又问："这些书籍还能看到吗？"老师说："只有《乐》很可能失传了，其他书籍都可以看到。"我们于是求老师给我们讲这些书籍的故事。老师笑着说："这些书并不都是故事书，只有《春秋》还算是故事，其他的可怎么讲呀？"我们不管，一定要老师讲。老师说："那我先讲一个小故事吧。"

一天，孔子很潇洒地站在庭中，不知道在想些什么。孔鲤快速地从庭前走过。孔子说："你停下，你最近学《诗经》了吗？"孔鲤说："没有。"孔子说："你不学《诗经》，怎么会雅致地说话呢？"孔鲤说："我知道啦，我一定去学习《诗经》。"孔鲤退下后，开始努力地学习《诗经》。

过了几日，孔子又独自站在庭中，孔鲤又从

庭前快步走过。孔子说："你最近学习《仪礼》了吗？"孔鲤说："没有。"孔子说："你不学习《仪礼》，怎么能立足于这个世界呢？"孔鲤说："好的，我一定去学习《仪礼》。"于是呢，在他退下之后，便开始努力地学习《仪礼》。

陈亢问于伯鱼曰："子亦有异闻乎？"对曰："未也。尝独立，鲤趋而过庭。曰：'学诗乎？'对曰：'未也。''不学诗，无以言。'鲤退而学诗。他日又独立，鲤趋而过庭。曰：'学礼乎？'对曰：'未也。''不学礼，无以立。'鲤退而学礼。闻斯二者。"陈亢退而喜曰："问一得三。闻诗，闻礼，又闻君子之远其子也。"

陈亢是孔子的学生，伯鱼是孔子的儿子。因为伯鱼出生那天鲁国国君送来了一尾大鲤鱼，所以孔了给儿子起名为孔鲤，后来又让他字伯鱼。陈亢想从孔鲤这里得到一些独特的私家秘籍，所以问，孔子教您的时候有什么特别的东西吗？通过孔鲤的回

答我们发现其实孔子没有教孔鲤什么额外的东西。看来，《诗》《礼》这些六经的内容是学习国学的不二法门。

我的老师说，孔子所说的《诗》和《礼》很可能就是马一浮先生所说的六艺中的《诗经》和《仪礼》。连孔子教育儿子都要求他读《诗经》和《仪礼》，我们今天如果想去探索中华文化的精髓，就更应如此了。这一年的夏天，老师带着我们来到了山东曲阜的孔庙，孔庙的东部院落相传是孔子的旧宅，那里有一个屋子叫"诗礼堂"，我们一下子就反应过来，这是为了纪念孔子教子而建立的。老师就在诗礼堂前跟我们一起模拟演绎了孔子教子的这段故事。

有一天，老师在黑板上画了几个同心圆，老师在最中心的圆圈里写了"国学"二字。他说："国学应该指的是中华文化最为核心的精神，这种精神就在这六本书中，当然现在只能看到五本了。秦朝焚书坑儒，一把大火把《乐》烧没了，汉朝人就没怎么见过《乐》了。"老师在第二个圈里边写边说道：

"到东汉的时候人们把《论语》和《孝经》也加入经书行列，成为七本，唐朝时候又加上《周礼》《礼记》《尔雅》等变成十二经，宋朝时候又加上了《孟子》，这就是很著名的'十三经'了。"

老师接着说："中华文化在漫长的历史长河中经历了许多变化，可能正是因为有六经作为根基，影响着中国人生活的方方面面，所以中国人才能永远保持着自己的文化特色。《周易》里有一句话叫'百姓日用而不知'，就是大家每天都在接触，但我们却不知道那就是文化的精髓所在。"我们中间有个同学插话道："我们的生活里真的有六艺吗？我们怎么不知道。"

老师说："你们学过成语吗？什么大发雷霆、爱莫能助、人言可畏、小心翼翼、信誓旦旦、衣冠楚楚、未雨绸缪、万寿无疆、逃之夭夭……这些全都出自《诗经》，不学《诗经》你还能雅致地说话吗？

"还有，你们听说过'五福临门'吗？'五福'是什么呢？'一曰富，二曰贵，三曰康宁，四曰攸好德，五曰考终命。'就是富贵安康拥有好的德行，最后长寿无病，自然去世。这五福的概念就来自《尚书》。

"再有，你们发现我们中国人如果想送一个小礼物给对方，一般情况下对方都先推辞，送礼的人坚持要送，大概三次之后才会收下，这就是《仪礼》中规定的'三推三让'。试想一下，如果我们回到古代，不懂这些规矩，会不会闹笑话呢？所以还真是不学礼，无法在那个时代立足生存呢。就是在现代，你不懂得应有的推辞，中国人一般也会很不舒服的。

"再来看，你们知道大城市里私家车出行是要限号的吗？一般是尾号一和六的在同一天限行，尾号是二和七的在同一天限行，尾号是三和八的在同一天限行，尾号是四和九的在同一天限行。这种限号的排列方式就是与《周易》密切相关的'河图'思想一致。

"再有，你们看，直到今天我们还用'春秋'这个词来表示一年的时光，不知过了多少年，我们还喜欢说'不知几个春秋'呢。《春秋》是一本历史书，它是按照年份来编写的历史，这一直在影响着我们的语言。"

我们听得很是惊讶，没想到看似高深的"六艺"真的就活在我们的身边。我们继续问道："六经说的就是这些普通的小事儿吗？"老师便在同心圆的最外圈里边写边说道："我们的民俗，比如24节气、各种传统节日；我们的艺术，比如戏曲、手工艺等；我们的生活习惯，比如诗酒花香茶等，这都是从六经逐渐衍生出来的事物，是国学的最外圈的事物。六经说的是最为高深的大道，你只有了解了大道才能把最外圈里的事情真正弄懂。否则，不读经书就直接学习外圈的事物，都是隔岸观火，雾里看花。"

我们似懂非懂地点点头，觉得眼前好像有一个神奇庞大的国学世界，色彩斑斓光亮无比，这些如繁星一般的国学产物并不杂乱无章，而是如天上的星宿一般有序地排列着，它们拱卫着北极星。北极星所在的地方有那如宝藏一般的"六经"。我们突然又想起了刚才的话题："老师，您还是继续给我们讲六经的故事吧！"

盈视讲吟诵 第十讲

有无的味道

　　嘉兴在本集里吟诵的是《论语》的选段。在这一段的结尾，陈亢感叹自己问了一件事，却知道了三件事：知道了要学《诗》，要学《礼》，还知道了君子要远离自己的儿子。他是怎么知道君子要远离自己的儿子的呢？我们可以说，他原本想通过孔鲤知道孔子教学的一些独家秘笈，结果发现孔子教自己的儿子并没有多于他人。可这也不能得出"远"的概念吧。其实，这个"远"指的是关系远。君子并不会让自己的儿子感到特殊，而是让他与常人一样地学习。

我们是怎么看出孔子"远其子"的呢？我认为是通过那些虚字的"有无"表现出来的。

> 陈亢问于伯鱼曰："子亦有异闻乎？"对曰："未也。尝独立，鲤趋而过庭。曰：'学诗乎？'对曰：'未也。''不学诗，无以言。'鲤退而学诗。他日又独立，鲤趋而过庭。曰：'学礼乎？'对曰：'未也。''不学礼，无以立。'鲤退而学礼。闻斯二者。"陈亢退而喜曰："问一得三。闻诗，闻礼，又闻君子之远其子也。"

孔子第一次向孔鲤发难，问的是"学诗乎"，孔鲤回答的是"未也"。我们如果把"乎"和"也"都去掉，这场问答就变成了"学诗""未"，父子两人完全没有语气，完全是两个机器人在对话。加上"乎"与"也"就发现，孔子问得很突然也很严厉，孔鲤答得很诚恳也很恐惧。可见父子之间的关系并不是亲近的，而是远且敬的。所以，只有拖长了"乎"与"也"这两个表示语气的虚字，才能体会出父子间的这份严肃。带着强调的吟诵，拖长这些字，味道自然就显现出来了。

孔子教育孔鲤的时候说了两句话，一句是"不学诗，无以言"，一句是"不学礼，无以立"。这两句话没有表示语气的虚字，可见孔子说得很简练，也似乎有些生硬，那种没商量的感觉很突出。吟诵到这里，语气可以稍微硬一些，一个严父的形象就跃然纸上了。

怪不得，陈亢听完孔鲤的回答，对于这第三件事的感觉比前两件还要深刻得多。所以陈亢说到"闻诗，闻礼"的时候都没有虚字，而说到"君子远其子"的时候，非要在"远"的前面加个"之"，在"子"的后面加了个"也"，吟诵的时候，这两个字都要拖长表现，这句话就明显比前面长了许多，感慨也就多了许多——陈亢是为"探秘"而来，却得到了严肃的君子教子之义，自然感慨良多了。

扫描二维码
听嘉兴的声音吧

第十一集

不同凡響

诗是内心深处的感情。中国人的诗从一开始就是写人心的，正因如此，我们的民族才是浪漫而真诚的，如此不同凡响。

孟春之月群居者将散行人振木铎徇于路以采诗献之大师比其音律以闻于天子故曰王

者不窥牖户而知天下

——《汉书》卷二十四《食货志》（中华书局，2007，中华经典普及文库）

庄公五年取齐女为夫人好而无子又取陈女为夫人生子蚤死陈女女弟亦幸于庄公而生

子完完母死庄公令夫人齐女子之立为太子庄公有宠妾生子州吁十八年州吁长好兵庄公使

将石碏谏庄公曰庶子好兵使将乱自此起不听二十三年庄公卒太子完立是为桓公桓公二年弟

州吁骄奢桓公绌之州吁出奔十三年郑伯弟段攻其兄不胜亡而州吁求与之友十六年州吁收

聚卫亡人以袭杀桓公州吁自立为卫君为郑伯弟段欲伐郑请宋陈蔡与俱三国皆许州吁

——《史记·卫康叔世家》西汉司马迁（中华书局，2009，中华经典普及文库）

大家好，欢迎大家收听我的学习分享。

当我们知道了国学的精华就是六艺之后，我们就天天追着老师，让他给我们讲这六本书的故事。老师实在磨不过我们，终于决定从《诗经》给我们讲起。

有一天他在黑板上画了一个小方框，问我们这是人脸上的什么器官，我们都猜到了，是嘴巴。老师接着在嘴巴上面画了个像小叉子一样的东西，问我们："这是什么？"我们就猜不出来了，老师说："这是舌头。"我们就笑了，有一个同学说："舌头怎么还分叉儿？"老师笑着说："舌头是用来说话的，它在说话时会晃动，你想想它晃起来的样子像不像分了叉儿的感觉呢？"我们点了点头，觉得还真是这样的，也不自觉地让自己的舌头在嘴巴里摇晃了起来。

　　老师接着在这个小叉子上画了两个横，上面的短下面的长，同学们脱口而出："二！"老师说："这可不是二，凡是你看到汉字字符的两个横，这就是上下的'上'字，上面的小横向你表示它在大横之上。"老师问我们："舌头上面有什么呢？"我们答不出来了，老师让我们再想想，一个同学就大声喊道："说出的话吧？"老师点点头，说："你怎么想到的？"这位同学回答道："您不是说舌头说话的时候才分叉儿吗？"老师向他竖了竖了大拇指，然后对我们说："我现在写的字就是语言的'言'。"

　　老师继续在这个"言"字的右边写了个字符，看起来很像动画片里沙漠中仙人掌的样子，我们就嚷道："停止的止！"老师笑着说："是的，这个字最早就是脚趾的意思，脚趾负责走路，所以它也有到什么地方去的意思。"老师在这个"脚趾"的下面，画了个很像心脏样子的字符，我们中有一个人马上说道："难道心脏会走路啦？"老师又笑

了，他说："难道心脏不会走路吗？古人认为心脏是思考器官，思想是无法控制的，我可以拴住你的脚，我却拴不住你的心，你的心可以随意思考，走到任何你想去的地方，难道不是吗？"我们感觉还真的是这样，我平时就很爱走神，胡思乱想的。我的老师最后说："当你的心走到了一个它想去的地方，当它特别感动的时候，你的嘴巴就想把这一切说出来，如果说还不够，你就想唱出来，唱还不够，你就会想手舞足蹈地来表现了。这便是'诗'产生的全过程，我写的这个字，就是'诗'。"我们情不自禁地说了一句："哇！"老师笑着说："几十年前，著名的国学大师叶嘉莹先生在加拿大给小朋友们讲什么是'诗'，用的就是这种方法，我这是盗版的。"我们大家都笑了。

从此，我们便开始读《诗经》了，我记得老师是这么开始的。他说："我要带你们去两千多年前。那是周朝时代，周天子坐在宫廷中，很想知道各地的百姓是如何生活的，他准备派出一个官员去各地采集民风。怎么采集民风呢？这个官员拿着一个木铎，到各地去采集民间的歌曲。铎，长得像一个铃铛，里面的舌头是木头做的，就叫木铎，是金属做的就叫金铎。这个采诗歌的官员什么时候去采集诗歌呢？答案是孟春之月，孟春就是春天到来的第一个月份。古人在冬月，没有了农事活动，就群居在一起，到了初春的时候，大家就分散到田间地头去劳动，为这个世界播种绿色的希望。采诗官就在这个时候来到了他们的身边，可能观察着他们的劳动，记录着他们的欢歌；他们也可能被采诗官木

铎的声音吸引，走过来与他交谈，采诗官便询问他
们的生活，把那些表现了他们真实心理的诗歌记录
下来。这些诗歌可能是十分朴质，长短不一的。采
诗官把它们带到宫廷中，献给专门负责音乐的太
师，太师们将这些诗歌一一调整，把它们根据音乐
的需要变得整齐，然后组织宫廷的表演团队将这些
诗歌变成一个个节目展示给周天子，周天子就在这
样的过程中了解了民风。"

在我们学过的近百首《诗经》中的诗歌里，我
最喜欢的是这一首诗歌。

卫国的卫庄公从陈国娶了两个女子，其中的一
个女子给卫庄公生了一个儿子，叫公子完，他就是后
来的卫桓公。卫庄公的小妾又给卫庄公生了一个小儿
子，叫州吁。这卫庄公特别喜欢州吁，对他娇生惯
养，所以州吁从小脾气就特别不好，等卫桓公上位之
后，卫桓公批评了州吁，说他不应该这样，州吁听后
并没有理卫桓公，便出逃到其他国家了。

过了几年，州吁带着一些人杀了回来，最后
把卫桓公杀掉了，自立为卫王。可是等他自立为王
后，卫国的老百姓就不愿意了，这时州吁就想，能

不能用什么办法能把卫国老百姓的注意力转移呢?

于是，他想到联合陈国、宋国、蔡国，一起跟郑国打一场仗。这样，在这场战争之后，卫国的民众就会渐渐淡忘他是怎么取得"王位"的了。但是州吁又怕敌人带领一些人来攻打自己的国家，所以他就留下一部分人，在那里修建城池，然后再带一部分人去远征。在远征的队伍当中，就有这么一个人，他心爱的人要留在家乡里，但是他却要去远征。周朝的时候，还是冷兵器时代，打一场仗伤亡是会很严重的，基本上上了战场，就回不去了。果不其然，卫国与郑国的战争打得非常激烈，以至于这个人的马都丢了。于是他开始寻找自己的马，最后他在树林里找到了自己的马。在树林里，他想起曾经和心爱的人有过约定，拉着她的手直到天荒地老。可是因为这场战争，他可能无法兑现这个诺言了，所以他在树林里大声疾呼地唱出了这首歌:

击鼓其镗，踊跃用兵。土国城漕，我独南行。
从孙子仲，平陈与宋。不我以归，忧心有忡。

爰居爰处？爰丧其马？于以求之？于林之下。
死生契阔，与子成说。执子之手，与子偕老。
于嗟阔兮，不我活兮。于嗟洵兮，不我信兮。

　　这首诗大概说的就是我刚才讲给大家的那个故事。我的老师说，"执子之手，与子偕老"后来成为了一句经典的话，不仅是因为它非常细腻地写出了相爱之人的亲密动作，更是因为这份感情无法实现而令人感慨良多。

　　我的老师说，诗是内心深处的感情，中国人的诗从一开始就是写人心的，向内寻求自己真实的情意，所以他们不过于讲究修辞与文法，他们用灵动的声音将心意表达，并且中国古代那些平民或者低层次的贵族是敢于用诗歌来表达自己对于国家政治的不满的。明明是贵族之间权力的争斗，却要让普通的平民来买单，为何宫廷自相残杀，国民的幸福却要牺牲呢？这位不知名的《击鼓》的作者，这位不知名的采诗官，还有那些不知名的乐师们，用这样的方式让天子听到了民间的声音，我们的民族是浪漫而真诚的。

电视讲吟诵 第十一讲

雅致方正（一）

　　嘉兴在本集里吟诵的是《诗经·卫风·击鼓》。《诗经》是中国的第一部诗歌总集，就是说，大约两千五百年前，中国人就有了自己的诗歌集。虽然《诗经》里的诗歌来自民间，但是现在呈现在我们面前的样子已经绝不是它在民间时的样子了。经过采诗官的采集，乐师的调理，表演团队的演绎，几番艺术加工，才最终成为今天的样子。它已经成为天子观民风的方式，或者礼仪教化的工具，经过了改造和包装，已经不是山野村夫随意歌唱时候的那番样子了。于是，《诗经》是贵族化了的作品，有它极为雅致方正的一面。

比如，《诗经》多是四字一句，四字是最均衡的结构，很有雅致方正的感觉。四个字的吟诵大概是两个字一个结构——具体情况还要具体分析。吟诵起来，每句话大致是两个字一组，感觉非常均匀，不轻佻，不变化，庄重的味道就在里面了。这首《击鼓》，全诗都是四言的，吟诵的时候，主要就是两个字一组。

击鼓其镗，踊跃用兵。土国城漕，我独南行。
从孙子仲，平陈与宋。不我以归，忧心有忡。
爰居爰处？爰丧其马？于以求之？于林之下。
死生契阔，与子成说。执子之手，与子偕老。
于嗟阔兮，不我活兮。于嗟洵兮，不我信兮。

从开篇的"击鼓其镗，踊跃用兵"可以看出战争的临近，军队的肃穆。吟诵时要"厉害"一些，营造严峻的气氛。

但是"从孙子仲，平陈与宋"的结构就有变化，变成了"一三"的结构。吟诵起来自然就会感到旋律的走向不均衡，这便让人意识到这场战争还是有一些不和谐因素在里面的。作者的不平之气也就展现出来了。

　　除此之外，中国的诗歌都是押韵的。押韵，大概的意思就是每句的结尾字的韵母相同。最开始的时候，押韵可能是为了好听。但是《诗经》经过这么多层次的加工，韵字早已有了表情达意的功效。吟诵的时候，一定要将韵字拖长，来表达诗歌的情感变化。我们看到韵字的头上都标注了延长符号"~"。这便是提醒你要把它拉长。

　　不过，《诗经》传到今天已经过了两千五百多年，很多字的字音已经发生了变化。比如"兵"，按照今天的读法，它和"镗"字的韵母就不相同。这需要查询一下上古音，你会发现"兵"字在上古时期的读音，大概也是"ang"的声音结尾，于是，嘉兴吟诵的时候就把"兵"的韵母读成了"ang"，同理也把"行"读成了"yang"。这可以在最大限度上还原《诗经》韵字读音的原貌。古人管这叫叶（读谐）韵。

同理，嘉兴把"处"的结尾拖出了一个"a"，这样就和"马""下"叶韵了。嘉兴把"手"读成了"siu"，把"老"读成了"liu"，这是参照了上古音和客家方言发音的叶韵——客家人的方言很可能非常接近远古时期的汉语发音。

押韵也是一种雅致吧。将感情都归纳到一个韵上，思绪就不会散乱无序了。其实，《诗经》传到宋代就已经出现了"古今"读音不同的问题了。朱熹就开始努力地叶韵，虽然朱熹的叶韵受到了后人的许多诟病，后世也出现了许多给《诗经》叶韵的不同做法，我们却应该思考的是：为什么一定要叶韵？答案只能是为了更好地吟诵。因为努力地还原韵字的统一声音，再拖长来吟诵，方能顺利地"穿越"回《诗经》的年代，去感受它传递出来的民风和想要达到的教化之意。

扫描二维码
听嘉兴的声音吧

第十二集

在中华世界里，一切都有传承，所有的事情都不是偶然的。

伏生济南人也故为秦博士孝文时求能治尚书者天下亡有闻伏生治之欲

召时伏生年九十余老不能行于是诏太常使掌故朝错往受之秦时禁书伏生壁

藏之其后大兵起流亡汉定伏生求其书亡数十篇独得二十九篇即以教于齐鲁

之间

——《汉书·儒林传》卷八十八（中华书局2007中华经典普及文库）

大家好，欢迎收听我的学习分享。

有一天老师问我们："你们知道中华民族最早的帝王是谁吗？"我们异口同声地回答："三皇五帝！"我的老师继续问："三皇是谁呀？"我们纷纷答道："伏羲氏、神农氏、燧人氏。"我的老师说："三皇的版本有很多，你们说的可以算一种答案。"

老师继续问："那五帝又是谁呢？"我们七嘴八舌地说不全了。老师帮我们补充说："五帝也有许多个版本，司马迁在《史记》里说五帝是黄帝、帝颛顼、帝喾、帝尧、帝舜。"老师介绍完了三皇五帝的名字后继续说："不过，三皇五帝是否存在实在是不好说，那是非信史时代，就是没有证据，难以让人完全相信的时代。"

《千字文》里有句话叫"既集坟典，又聚群英"，就是说汉朝的宫殿里既藏了上古时期的宝贝书籍，又集合了那个时代最优秀的人才。上古时代的书籍相传叫《三坟五典》，我在第八集里向大家介绍过这个"坟"字，是高高的土堆的意思，那么三坟就是三本高大上的书的意思吧。于是我就猜道："'三坟'就是三皇写的书吧？'五典'就是五帝写的书吧？"老师赞许地点点头，然后继续说："这些书籍现在都看不到了。"老师说他怀疑汉朝人就没有看过，所以究竟有没有这些书籍，究竟有没有三皇五帝，都是一个谜。我们想起了刚才的话题："那第一个帝王到底是谁呀？"我的老师说："有可能是尧帝。"我们已经学会了质疑和追问，于是我们问道："哪本书说的？"老师回答道："《尚书》。"我们想起来了，这便是六艺之中的那本《尚书》。老师继续说："所谓《尚书》，就是记录上古时期的君王所作所为的书，《尚书》的'尚'含义就是上下的上。人们根据上古君王的所作所为了解了应该怎么治理国家——比如设置什么官员，建立什么部门，就像怎制定校规，每个班级都该有几个班长、有多少班级干部一样。后代的君王也了解了怎么下命令，怎么与臣民们相处，就像学校应该怎么发通知，老师与学生该如何谈话一样，虽然可以变化，可以调整，但是根基找到了，就可以有基本的样子可以模仿了。《尚书》的第一篇就是记录尧帝的，叫《尧典》。尧帝后面是舜帝，没有之前那三个帝，也没有那三个皇。所以我说尧应该是第一个君王。"

我和同学们追问道："为什么要相信《尚书》呢？为什么不能相信《史记》呢？"我的老师说："如果100年后有人想知道我的故事，是你在周记里对我的描述更可信一点，还是你孙子的孙子写的一个有关于我的故事更可信一点呢？"我们都笑了，说："我们的孙子的孙子也不认识您呀！那个时候您都不在了。"老师说："对呀，所以越早的书籍越可信呀！"我们才想起来，老师说了，《尚书》是孔子整理过的"六艺"之一，孔子肯定比司马迁要早呀。而《尚书》这本书比孔子还要早，估计是可信的了。

我们又问道："《尚书》没有被秦朝烧了吗？"老师说："秦朝有个皇家顾问叫伏生，他把《尚书》藏到了墙壁里，躲过了战火，秦朝灭亡后，汉代又开始鼓励大家读经典了。他打开墙壁，看到有些竹简已经坏了，但还留下了29卷完好的。

他就取出来在山东一带教学生。这事儿被汉文帝知道了，他就派大臣晁错去找伏生跟他学习《尚书》。但是那个时候伏生已经老得不成样子了，《尚书》29卷也不整齐了。晁错就请伏生口述《尚书》给他，可是伏生说话都不清楚了，只有伏生的女儿羲娥能听懂他在说什么，伏生就一句句说给女儿听，女儿再转述给晁错听。于是晁错就把伏生手中所藏的和心中所藏的《尚书》都记录了下来，整理出了28篇。他用汉代流行的隶书抄写的《尚书》被称为《今文尚书》。汉文帝有个孙子叫刘余，他被封在山东曲阜，封号为恭王，这是个喜欢拆房子玩的大王。他为了扩建自家的房子，居然拆了孔子曲阜老宅的墙，结果在墙壁里发现了一些用蝌蚪文写成的《尚书》《论语》《孝经》等竹简。蝌蚪文是战国时期的文字，当时许多人都不认识了。孔子的后人孔安国把这本《尚书》整理了出来，据说比晁错记录的《尚书》还多出了16篇，这就是《古文尚书》。从此《尚书》就有两个版本了。"

一位同学突然问道："现在能买到的《尚书》

是今文的还是古文的？”我的老师继续说道："中国历史上有一场著名的'永嘉之乱'，这是西晋王朝结尾的时候发生的战乱。中原王朝的皇室司马家族自相残杀，北方的五个少数民族就趁机南下占领了中原，为了躲避战乱，汉人就大量南迁，把文化也带到了南方，这是中国历史上第一次文化南迁。《今文尚书》和《古文尚书》在永嘉之乱时都消失了，毁于战火。"我们听到这里不禁一齐倒吸了一口凉气。

几秒过后，我们中间有一个人突然问道："既然没了，您还让我们信《尚书》的话？"另外一个人接着说道："老师您家是不是藏着《尚书》呢？"老师笑了，说："我家还真藏着《尚书》呢，并且里面有58篇！"我们更惊讶了，但是怎么算也算不出58这个数字来。老师等我们静下来后接着说："司马家族的两个皇上都被匈奴人逮捕了，下场很惨，琅琊王司马睿在一些大贵族的帮助下逃到南方，建立了东晋王朝。不久后，江西南昌的一位官员叫梅赜，突然献出了一部《尚书》，这部书有58篇，每篇都有孔安国写的注释。"

　　我们不等老师说完就抢话道："他哪儿来的书啊？"接着又有人说："他造假！"于是有人反驳："可能是从北方带来的，老师刚才说了'文化南迁'。"我的老师摊开手说："这谁知道呢？但是唐朝初年，朝廷让孔子的后人孔颖达整理《尚书》，他用的便是这58篇的《尚书》。"我们反问道："就没人怀疑吗？"老师说："当然有，比如你们知道宋代的朱熹吗？他就开始怀疑了。明朝、清朝都有人在论证这部书的问题。最终学者们论证出58篇的《尚书》里应该有25篇是伪造的，33篇可能是重新整理过的《今文尚书》。"

　　我们中间有个同学突然问道："那孔子家墙壁里翻出来的那些《尚书》呢？"老师说："或许那部《古文尚书》真的在永嘉年间消失了，而《今文尚书》不知为什么让梅赜得到了。谁也不知道为什么梅赜伪造了25篇《古文尚书》。但是今天流传的《尚书》，还是58篇的，真假都在一起。"我们突然就明白了为什么老师说他有58篇的《尚书》。我们遗憾地说："就真的再也找不到孔子家墙壁里的《古文尚书》了吗？"

老师说："事情还有转机，2008年的时候，清华大学的一位校友把从海外购回来的两千多片竹简赠送给清华大学，清华大学就开始组织各地专家研究这些竹简，这些被称为'清华简'的竹简何时出土，怎么会流落海外，谁都不知道了。但是这些竹简的内容特别珍贵，它能填补许多古书的空白，就在这套竹简里，人们发现了失传上千年的《尚书》的篇章，这很可能就是孔安国整理的《古文尚书》。但是可惜并不完整，只有一小部分。"我的老师说："'清华简'已出现，其他的简牍就也有再次出现的可能。我们这个民族的优点就是文化的香火不断。即便是经历蹉跎，也终将回归。"

日若稽古帝尧，日放勋，钦、明、文、思、安安，允恭克让，光被四表，格于上下。克明俊德，以亲九族。九族既睦，平章百姓。百姓昭明，协和万邦。黎民于变时雍。

既然尧帝是中华第一君王，那么他就要给后世的君主做个表率，我们也好向他学习呀。他怎么做的呢？《尚书》说他"钦、明、文、思、安安"。就是说他外表高大有威严，做事能考虑到四方的百姓，思考问题不纠结，为人还宽容温和。他又是怎么治理天下的呢？他主要做了两件事：一是鼓励各个家族都能亲密和睦，二是严格治理官员，惩治贪官，表彰好官。结果天下众人从此也就友好和睦了。

　　我听到老师讲这些的时候就对老师说："怪不得电视新闻里又说恢复家风，又说打击贪官，原来都是跟尧帝学的。"老师向我竖起大拇指说："你真棒，古人说读《尚书》就是为了'疏通知远'。你现在知道了吧，你所在的这个中华世界，一切都有传承，所有的事情都不是偶然的！"

雅致方正（二）

　　五经是用来培养君子之气的，简单说就是用来修身的，所以怎样吟诵五经的内容很重要。如果仅仅是为了熟悉文本，那么就像小和尚念经一样快速地读一遍也未尝不可，我这里所说的"读"也是带有腔调的吟诵，只是对于长短高低、轻重缓急就顾不了那么多了，这叫"泛读"，在教学的时候还是很有必要的。但是如果已经熟悉文本，开始要玩味书中文字的味道的时候，就不能如此"泛读"了。

《尚书》经历千年浩劫，很可能也被调整和修改过。《尚书》中有大量的四字句，这种表达依然是为了庄重典雅而设计的。所以吟诵《尚书》前要先让自己端庄起来，挺胸、正色、鼓气……吟诵的时候，将声音大气地表现出来，争取把每个字的所有声音元素都努力发出来，速度还要慢一些为好。

曰若稽古帝尧，曰放勋，钦、明、文、思、安安，允恭克让，光被四表，格于上下。克明俊德，以亲九族。九族既睦，平章百姓。百姓昭明，协和万邦。黎民于变时雍。

嘉兴吟诵的这一段，是《尚书·虞书·尧典》开篇的一部分。"曰若"二字没有意思，是段落的发语词。虽然没有意思却不代表没有意义，这是两个入声字，读起来短促有力，给人感觉《尚书》要严肃地开篇了。接下来，《尚书》对于尧帝的介绍是四个独字，一个叠词。嘉兴吟诵这四个独字，每个字都拖长了，将尧帝的特征很隆重地介绍了出来。在旋律设计上，让"安安"二字来收尾这一小节，既没有让人对于四个独字相同的旋律设计感到单调，又能让人感到一番叠韵的亲切。"安安"本身就是温柔宽和的意思，这是声音与意义的完美结合，吟诵时，旋律在这里收尾，温存低缓下去，能更好地表现文意。

后面就出现了大量的四字句，基本都是两个字一个结构的安排，可以均匀地设计旋律，雅致方正地一路吟诵下来。

最后一句是尧帝政策施行的成果——众民因此变得和睦了。这一句的字数变多，结构也复杂，与上面的句子形成鲜明对比，吟诵的时候也要将旋律和节奏改变。这一句中还有个"变"字，这是个去声字，去声读起来往往有坚定有力的感觉，从文意上来看，这个字也是重点，他在强调尧帝带来了民风的变化，强调尧帝的作用。所以这个字读起来要重一点，感受去声字的力量。最后一个字是"雍"，这是个开口音，表现和睦的字很多，为什么非要用这个"雍"呢？估计是看上了它的声音的隆重感，所以吟诵到这里的时候不仅要重读，还要张大嘴，将这分朗润之气表现出来。

扫描二维码
听嘉兴的声音吧

第十三集

不得造次

礼，说到底是为了约束人的行为才设定的，一定的仪态就是约束人的具体形式。『造次』，就是做过分的事情的意思。看来，仪礼是希望我们不得造次，共同生活在一个美好的世界里的。

孔子射于矍相之圃盖观者如堵墙射至于司马使子路执弓

矢出延射曰贲军之将亡国之大夫与为人后者不入其余皆入盖去

者半入者半又使公罔之裘序点扬觯而语公罔之裘扬觯而语曰幼

壮孝弟耆耋好礼不从流俗修身以俟死者不在此位也盖去者半处

者半序点又扬觯而语曰好学不倦好礼不变旄期称道不乱者不在

此位也盖仅有存者

——《礼记·射义》（中华书局，2016，中华国学文库）

大家好，欢迎收听我的学习分享。

有一天，校园里来了几辆大车，高三年级的哥哥姐姐们上车准备出行。我的学校，每个月都会有两个周五带我们去校外参加社会实践活动，但是听老师说高年级学习紧张就不会有如此安排了。我于是问老师："高三也有社会实践活动吗？"我的老师说："他们是去参加成人礼。学习再忙，成人礼还是要参加的。"我们中有人感叹道："真羡慕他们，都成年了！"老师笑着问："成年了有什么好呀？"那位同学说："成年了就谁也管不了我了呀，我可以想干吗就干吗，没有这么多约束了。"我的老师笑着感叹说："这是谁告诉你们的？"我们吵着说："我们都这么想。"

我的老师停了几秒钟，突然问我们："妈妈们的发型和女同学的发型有什么区别？"我们互相看了看，然后说道："妈妈们就散着吧，女同学要梳起来。"老师接着问："为什么女同学都要梳起来？"女同学们说："因为学校不让散着呀。"老师继续问："为什么妈妈们就不梳起来？"大家说："因为没人管了，想梳就梳，不想梳就不梳！"说完大家都笑了。老师也笑了，说："这就是关键所在。古人是不理发的，男女都如此，小的时候头发都散着，垂着，于是小孩就叫'垂髫'。成年的时候，大家都要把头发梳起来，在头顶打个结，叫'结发'。这个时候，可以婚嫁了，所以叫'结发夫妻'。"我们打断老师说："跟今天正好相反？"老师笑着问我们："按照你们刚才分析的意思，梳头是因为有约束，不梳头是因为没人管了。那么古代什么时候开始有人管了呢？"我们反应了过来，反问老师道："成年了倒有人管了？"老师点点头说："是的，成年了，管你的人是社会，因为你要开始承担社会责任了。小的时候，你可以有承担责任的志向，但是大家却不认为你有这个能力，从成年礼开始，大家开始承认你的能力了，给你一种认可，接纳你成为成年社会的一员，接受应有的约束，在整套复杂的仪式中，感受被认可的光荣，这是很神圣的！"我们听完老师的话就迫不及待了，一起嚷道："您快讲讲仪式是什么样的吧！"

　　老师说："你们喜欢戴帽子吗？"我们都点点头，尤其是我，我最喜欢戴帽子了。老师问我："你喜欢什么款式的帽子？"我反问道："帽子还分款式吗？我就喜欢运动帽，带一个帽檐儿的那种，很多颜色我都喜欢。"老师笑着说："你戴着它干什么？"我说："踢足球、爬山都可以，平时走路也可以呀。"老师笑着说："我可不可以借一个戴呢？"我笑道："您戴着多不好看呀，关键是不适合，您讲课戴那么一个帽子多搞笑呀！"老师笑着对我说："看来你很懂礼呀！"我问道："这也算懂礼吗？"老师点点头说："这当然是懂礼。"

　　古人也有几种大事要做，做每种事要戴不同的帽子，比如，祭祀的时候戴缁布冠，就是用黑色的布罩住头顶盘结的头发。还有皮弁冠，这比较像我们今天的帽子了，圆形的，罩住整个头顶，这是参

军打仗时或者从事军事演习以及射箭比赛时戴的帽子。最后还有爵弁冠，这种帽子头顶还要加一块板子，这是参加大型活动或者婚礼时戴的帽子。

老师说："这些帽子都是贵族里的奢侈品，比如，缁布冠的黑布雅致大气，垂下来的帽绳很长，随风飘动很酷。古人会把各种宝石都缝在皮弁冠上，冠里还镶着金丝，人戴上它，转动起来就像天上的星星在闪耀一般，所以《千字文》里说'弁转疑星'。爵弁冠的布料要有多少条经线构成都有严格规定，细密精致。"我们瞪大了眼睛，一个同学说："我也想有一顶这样的土豪帽子！"老师笑着说："那得长大了才能有。"我们不服气地问道："凭什么？"

老师说："人在小的时候总是喜欢跑跑跳跳的，不老实，祭祀的时候把你放在主祭者的位置，你要是待不住了可怎么办？所以你就在观礼的地方看看就行了。参军打仗更不会让一个孩子去，也没有面见君王的机会，没有什么大型活动需要你作为主要嘉宾参加，所以这些帽子都没有必要戴。"我们叹气道："唉，那还是成年好，成年了就可以戴帽子了。"老师说："可是成年了就要受到约束呀，戴上帽子不能乱动了呀，还要承担相应的责任，这多不好呀！"我们反驳道："但是很光荣啊！"老师笑着点点头说："是的，你们看来已经领会中国人'礼'的精神了。"

我有时幻想着可以参加一场这样的成年礼：我爸爸用筮草占卜出一个吉祥的日期，到各个亲朋好友家去通知他们来参加我的成年礼。一定要邀请我的老师做正宾。到了举行仪式那天，爸爸在家庙的门口迎接宾客，我就在内堂里准备着我要穿的礼服，黑色的上衣，深红色的下裳，还有黄色的蔽膝。爸爸把亲朋好友们都引进家庙，然后，他们站在庭院中或者家庙的祠堂里观看我的成年礼。我要让我的老师把缁布冠、皮弁冠、爵弁冠分别加在我的头上，再听着那些穿越千年的祝祷词在我耳边响起。

令月吉日，始加元服。弃尔幼志，顺尔成德。寿考惟祺，介尔景福。

吉月令辰，乃申尔服。敬尔威仪，淑慎尔德。眉寿万年，永受胡福。

以岁之正，以月之令，咸加尔服。兄弟具在，以成厥德。黄耇无疆，受天之庆。

这是《仪礼·士冠礼》中记载的冠礼时三次加冠时的祝词。它的意思是说，在吉祥的日子里给成年的孩子穿上美丽的服装，希望接受成年礼的人可以放弃幼稚的想法，拥有成年人美好的德行。成年人美好的德行是什么样子呢？要有威严，要谨慎地做事情，这样才会拥有美好的福气！

我的老师说："《仪礼》中记载了生活中各种情况下的礼仪规矩，古人在彬彬有礼的氛围里过着高贵的生活。"我有一个同学问："古人都很遵守礼吗？"我的老师摇摇头说："也不是的，孔子时代，可能礼就崩了。孔子看到那个时代的混乱，就希望能用礼来约束人们，让人们反思自己的心，从而让世界安宁。"我们听到这里，知道老师又要讲故事了。

孔子带着学生在山东曲阜的矍相演礼场，给所有人展示射礼。那个时候，礼仪已经没有了，所以大家都觉得新鲜呀，都想去看看这礼仪到底是什么样的，围观的人密密麻麻的，就像一堵墙一样。这时候孔子就想这正是我教育他们礼的好机会呀。

于是，他便努力地为大家演示这个礼，子路这时也仿佛心领神会，他当时在朝廷为官司马，于是他拿着弓出来，对所有人说："你们这里面有没有失败的将军、亡了国的大夫，或者为了钱管别人叫干爹的，这些人全都不许留下。"结果这时候，底下就开始叽叽喳喳地议论开了，到最后走了一半人，还留下一半人。

这时候孔子的另外两个学生又来了，他们一个叫公罔之裘，一个叫序点，他们俩都拿着一种酒器。公罔之裘拿着酒器先说话了："你们这里面有没有小时候特别孝敬父母，又跟兄弟关系很好，就算周边的人干了特别大的坏事也不跟着他们学的人，你们可以留在这里。"结果又走了一半，还留下一半。

这时候序点又出来了，他说："你们这里面有没有好好学习的，坚持真理的，就算老了也不瞎解释道的人，你们可以留下。"结果到最后，只有零星几个人站在那里了。

整场礼仪结束之后，子路便去跟孔子说："您看公罔之裘和序点也心领神会了您的意思，他们以后是不是也可以当司马了呢？"孔子微笑地点点头说："当然是的。"

我的老师说，孔子那个时代大家都在寻找可以治理天下的方法，孔子相信唯有恢复礼乐制度，才能让人与人和睦相处。孔子之所以带领学生演绎射礼，可能是因为射礼精彩好看，可以吸引大家前来观看，吸引过来以后就可以趁机教育大家了。孔子的三个学生提出了三个标准，结果大家就都走光了。可见那个时代为了钱财和利益投奔他国、认人为父、抛弃礼义的人太多了。"

我的老师说，礼，说到底是为了约束人的行为才设定的，一定的仪态就是约束人的具体形式。为了利益，放纵自己，这是动物的本性，礼仪就是让我们不断摆脱动物性，走向高级的文明方式。我们的古人说，礼是用来节制自己的，所以也叫"礼节"。老师教了我们一个词儿叫"造次"，就是做过分的事情的意思。看来，仪礼是希望我们不得造次，共同生活在一个美好的世界里的。

我觉得我们的古人实在是有先知的民族。

盈视讲听诵 第十三讲

雅致方正（三）

《仪礼》原本就叫《礼》，后人将"仪"字加在"礼"之前，是为了表明"仪式"的重要。用外在的形式去感染人心，从而达到有礼的境界，是《仪礼》这本书教育君子的主要方式。

士冠礼，被称为"礼之始"。就是说成年了，要开始践行"礼"的精神了。为什么不叫成年礼而一定要叫士冠礼呢？就是在强调"冠"的特殊性与重要性。从冠字的造型来看，它最早应该是个动词，就是手（寸）拿帽子（冖）戴在头上（元）的意思。戴帽子就是一种约束，遵从礼仪，不得造次。

所以士冠礼上，三次戴帽子的祝词押的全是入声的韵。入声的发音短促有力，辅音的结尾像是要把一个声音截断在那里一样。这样的发声容易给人带来严肃的感觉。这里用入声作韵，分明是要在加冠的时候严肃地对被加冠者示以警戒。

> 令月吉日，始加元服。弃尔幼志，顺尔成德。寿考惟祺，介尔景福。
> 吉月令辰，乃申尔服。敬尔威仪，淑慎尔德。眉寿万年，永受胡福。
> 以岁之正，以月之令，咸加尔服。兄弟具在，以成厥德。黄耇无疆，受天之庆。

第一段里"月""吉""日""服""德""福"都是入声字，吟诵的时候，抑扬顿挫之感非常强烈。这

一句的重点在于，放弃幼稚的心，顺应成年之德，天就会赐福于你。这一点是很严肃的，不容反驳。所以古人其实并不会拿一条年龄红线要求每个人都要在一个特定的岁数里进行士冠礼，有的孩子就是成熟得晚，那么可以顺其自然地晚几年再办成年礼。可是，也不能一直拖下去，"老顽童"的情况毕竟对于大多数人来说是不合适的。即便是在现代的心理学观念中，也强调人的行为举止应该符合自己的年龄，这一点古今一致，所以要很严肃地告诉参加士冠礼的孩子们。

第二段依然押的是"服""德""福"这几个字的韵，吟诵的时候依然可以感到庄重严肃。这一句的重点放在了德行上。成年的人，应该关注自己的德行，要谨慎小心，说话做事庄重有威仪，不能小气、娇气、低俗。所以"淑慎尔德"一句三个仄声连用，读起来那沉沉的敬意自在其中。

第三段比较特殊，第一句话是三个分句组成的，吟诵起来明显跟前两段有所不同。毕竟到了最后，句式有所变化，也好有总结的感觉。这一段先是押了"服"和"德"这两个入声的韵，再次强调德行的重要，也提醒你可以跟你兄弟一起完成修身的任务。吟诵起来依然要庄重雅致。

这一段的最后一个分句，换了一个韵，这是个开口音的韵，"疆"和"庆"在上古时期是一个韵的字，结尾大概读成"ang"，吟诵的时候可以叶韵。我们可以感受到，加冠仪式到了结尾，吟诵者用爽朗的声音来中和之前的严肃，并赠予被加冠者大大的祝福。

扫描二维码
听嘉兴的声音吧

第十四集

不能虚伪

『惟乐不可以伪』，这是《礼记》里的话。中国人认为乐是发自内心的，如果说『礼』是从外向内的要求，『乐』就是从内向外地发泄，把心里的想法和着乐器，再带上各种表演形式，一起展现出来，人就会不虚伪了。

舜为宾客禹为主人乐正进赞曰尚考太室之义唐为虞宾至

今行于四海成禹之变垂于万世之后于时卿云聚俊乂集百工相和

而歌卿云烂兮纠缦缦兮日月光旦复旦兮明明上天烂然

星陈日月光华弘于一人日月有常星辰有行四时从经万姓允诚于

予论乐配天之灵迁于圣贤莫不咸听襄乎鼓之轩乎舞之菁华已竭

褰裳去之

——《尚书大传》（上海涵芬楼，民国）

大家好，欢迎收听我的学习分享。

有一天，我的老师带我去参加一个学校的礼仪活动。我和老师站在学生队伍的最后，远远望着舞台上的人，认认真真一板一眼地完成每一个环节的任务，全场鸦雀无声，也没有任何背景音乐，台上台下的人都很肃穆。礼仪活动的时间很长，我都有点站不住了。我侧眼看了一眼老师，他好像没有看向舞台，他在微笑地看着他前面的一个同学，那位观礼的同学左晃右晃，一刻也站不住，还时不时地发出不耐烦的声音。我看着那位同学的样子十分搞笑，于是不禁笑出了声。我的老师冲我摆摆手，示意我不要笑，然后他走到那位同学的身后，我也跟了上去听老师要说什么。老师非常轻声地对那位同学说："你是不是觉得很烦？"那位同学吓了一跳，回头一看是位老师，于是就很不好意思地摇摇头，赶忙说："不是，不是。"我的老师也退回原来的位置继续观礼，几分钟后那位同学又站不住了，使劲地晃来晃去，就像衣服里面有虫子一样。我的老师再次走过去，附在他耳边说了句话，那位同学转身看着我的老师就笑了。后来，那位同学也不怎么晃了。观礼结束后，我就问老师："您对他说了什么？"我的老师说："我跟他说，我也很烦，怎么还不结束，咱们一起坚持吧！"我听完也笑了，反问老师："人家学校请您来观礼，您怎么能说很烦呢？"我的老师说："我又没当众说这句话，可是这场礼仪活动确实很无聊嘛！"我说："礼的活动不就是这样的吗？您不是说礼是用来约束我们的吗？"我的老师说："礼是用来约束我们的，可不是用来压抑我们的，如果每场礼仪活动都很枯燥，我们还要接受，长此以往，人不就都会变得很虚伪了吗？"我继续问道："那应该怎么办？"我的老师说："我先给你讲个故事吧。"

　　舜在位第十四年的时候，有一天，他正在祭礼上听所有乐师用钟、石、笙、管来演奏音乐。这时，乐曲的声音突然变得不和谐了，正当他感到奇怪的时候，突然，一个响雷打了下来，屋外便下起了瓢泼大雨，当所有人都还在惊讶的时候，舜却低头笑着说："我明白了，通过今天的事情，我知道这天下不是我一个人的，我应该传位于他人了。"于是，他便把位子传给了还在治水的大禹。因为让位于一个贤明的人是一件非常好的事情，所以舜就和一些天下贤明的人还有一些宫人一起相和唱出了《卿云歌》。这首歌的内容说的是舜让位给禹是一件非常好的事情，所以说，禹听完之后也欣然答应了传位的请求。

　　我的老师问我："你发现这个故事里的祭祀仪式与我们参与的这场礼仪活动有什么区别了吗？"我突然明白了，说："故事里有歌。"我的老师点点头说："不仅有歌，还有乐器呀，君臣相和地唱歌可不可以算是一种音乐活动呢？有乐器伴奏，有歌声相随，还要变化各种形式，这是礼仪活动中必不可少的环节，古人称之为'乐'。"

我问老师："为什么一定要有乐呢？"老师说："刚才咱俩探讨这个问题了，只有礼，会很枯燥，要有乐调和一下才好。如果这场礼仪活动能够有音乐相伴，刚才那个同学也就不会站不住了。"我心里觉得老师说的是对的，但是忍不住问道："那为什么别人都忍住了，没晃？"我的老师笑了，说："我觉得你这个'忍'字用得非常好，就是说你也承认大家都站不住了，不过是在忍着。你是不是也站不住了，一直忍着来的？"我不好意思地笑了。我的老师继续说："最可怕的便是这种'忍'，长此以往，人就会伪装自己的真性情，不愿意接受礼仪的约束，但是为了某种目的，比如害怕老师批评，害怕同学看不起，希望别人夸自己优秀而装模作样，这就更可怕了。"

我继续问："乐就可以让人不虚伪吗？"我的老师说："'惟乐不可以伪'，这是《礼记》里的话。中国人认为乐是发自内心的，如果说'礼'是从外向内的要求，'乐'就是从内向外地发泄，把心里的想法和着乐器，再带上各种表演形式，一起展现出来，人就会不虚伪了。"我打断老师说："什么样的音乐都可以吗？比如我想在祭祀典礼上唱一首流行歌曲行不行？"老师说："你还记得咱们上次谈的戴帽子的事情吗？不同场合戴不同的帽

子，如果你那首流行歌曲不适合在祭祀典礼上唱当然就不行。"我于是说道："看来不光礼要有乐，乐也要有礼呀！"老师鼓励我说："你太厉害了！有礼就有乐，这两样事物可以一起崩坏，叫'礼崩乐坏'，不可能一个在一个不在。礼和乐必须要契合在一起，连契合得不好都不可以。这就是我们中国的礼乐文化了。"

卿云烂兮，纠缦缦兮。
日月光华，旦复旦兮。
明明上天，烂然星陈。
日月光华，弘于一人。
日月有常，星辰有行。
四时从经，万姓允诚。
于予论乐，配天之灵。
迁于圣贤，莫不咸听。
鼚乎鼓之，轩乎舞之。
菁华已竭，褰裳去之。

这首《卿云歌》出自我给大家提到过的伏生所作的《尚书大传》，这就是舜帝让位于大禹时唱的歌。在音频里，我扮演的是舜帝，先吟诵卿云的美丽，并且表明日月的光华是日复一日的。这就是说，天子也应该一代一代地轮换，舜帝有了退让的意思。下面是大臣们相和的歌词，大臣们说："天上有许多星辰，但都不如日月的光华灿烂，日月的光华都集中到了舜帝一个人的身上。"好像大臣们在劝舜帝不必退让。舜帝继续说："日月星辰都有自己运行的规律，一年四季也是如此，大臣们也应该真心地对待天子轮换的规律。我现在把天子之位禅让给禹，所有人也应该听从我的建议。"最后舜谦虚地说："我已经老了，不如提着衣裳早早离开。"

　　真是难以想象古人在君臣对唱中完成了这样一场禅让的礼仪活动，我后来问老师："那么大禹后来也持续了这种礼乐活动吗？"老师说："当然，禹在挂钟磬的柱子上刻着：教我道德的人击鼓，教我仁义的人敲钟，教我做事的人振铎，教我心忧天下的人击磬。可见他一直在用礼乐教育自己做好天下的表率。"我继续说道："那么，后来周天子派人去采诗，乐师调整后在宫廷表演，是不是也可以算在承袭着礼乐的文化？"我的老师对我竖起大拇指说："你太厉害了！《诗经》里有很多诗篇都会用在礼仪活动中。"老师接着说："汉代的天子专门成立了采集诗歌、制作音乐的部门，叫乐府。后来就一直延续着礼乐的文化。"我于是对老师说："看来，《乐》这本书集虽然丢失了，但是文化还是传承了下来呀。"

我的老师很神秘地对我说："相传，明朝晚年陕西旬县有一位平民叫文平人，十六岁那年，他在雨后走到一个古庙内，发现有竹简狼藉于地，那些竹简上是蝌蚪文，他根本看不懂是什么。他便收集竹简，收藏起来。等到二十年后，他学有所成，便开始翻译这些蝌蚪文，他才发现原来这些就是失传的《乐》。他把它们都翻译成了可以读懂的文字，并在文氏家族中代代相传。两百年过去了，文氏家族中的一位后人将保留的《乐》送到了清朝末年的一位翰林的手里，这位翰林一直活到了民国时期。1936年，这位翰林将《乐》送到了当时的陕西省主席邵力子手里，邵力子决定将《乐》整理出版。不久后西安事变就爆发了，《乐》也再度消失了。"我叹了口气说："怎么都是如此的结局呢？还有机会恢复乐吗？"我的老师说："有啊，你就可以呀。"我很惊讶地说："我怎么可能？"我的老师说："因为你会吟诵，你学习诗歌不仅可以理解字面的意思，还会用乐音去表现，你在用个人的方式逐渐恢复着乐的传统。"

　　我突然明白了，说："原来这就是您推广吟诵的原因呀！"

盅视讲吟诵 第十四讲

雅致方正（四）

　　《卿云歌》曾一度成为中国民国时期段祺瑞执政府的"国歌"。歌词中的"旦复旦兮"，正是上海复旦大学的得名来源。可见，它在历史上的位置有多么重要。

　　这也是一首四言的诗歌，《尚书大传》里说它"歌唱在舜帝禅让之时"，可见吟诵起这首诗歌来需要特别的雅致庄重。

　　　　卿云烂兮，纠缦缦兮。
　　　　日月光华，旦复旦兮。

　　　　明明上天，烂然星陈。
　　　　日月光华，弘于一人。

日月有常，星辰有行。

四时从经，万姓允诚。

于予论乐，配天之灵。

迁于圣贤，莫不咸听。

鼗乎鼓之，轩乎舞之。

菁华已竭，褰裳去之。

　　这首歌分为三个部分，第一部分是前四句，"卿云烂兮，纠缦缦兮。日月光华，旦复旦兮。"这是舜帝的自我感叹，见到卿云，感慨帝王轮换应顺应天道。这一段落押韵的字应该是"烂""缦""旦"，吟诵时拖长这三个字，它们的发音经历从开口到闭口的过程，大气的宣泄，细腻的感慨都在这声音中了。它们后面的"兮"字是古代的语气助词，相当于今天的"啊"字，放在这里，吟诵时可以感受到它既可以补足四字的音节，又可以将感情再次扬起，表现帝王的威仪。

第二部分是接下来的四句，"明明上天，烂然星陈。日月光华，弘于一人。"

这是大臣们相和的歌词，嘉兴邀请了他的好朋友夏宁远、刘永淳来助兴。"陈"与"人"是韵字，开口不大的声音。闭口音的结尾，吟诵时能感受到似乎群臣在表达对于舜帝的不舍。

余下的歌词是最后一部分，是舜帝对于和歌的再次酬唱，古人称之为"赓歌"。本段落先是"常"和"行"字押韵，舜帝再次提及日月运行的规律，用以请百官不必阻挠禅让之事。吟诵这两句的时候要起高调，要吟诵出统领以下内容的感觉。韵字为开口音，爽朗大气，有不容反驳之意。

下面换韵，"经""诚""灵"押韵，这是舜帝的再次解释，对于天、人、乐的结合做出了明确的判断，吟诵的时候要平缓肃穆。

最后一部分也换了两次韵，先是"听"字为韵，上古时期这是个闭口音的韵，给人感觉舜帝要悄然离开了。最后四句换成仄声的韵，"鼓""舞""去"三个字押韵，上古时期它们在一个韵部，结尾音都有个"a"，这是个开口音，吟诵的时候可以叶韵，将这个"a"的声音读出来，来感受舜帝退位之心的坚定。

后面的"之"字同样是为了补足音节，并且有延长玩味的感觉，我们也可以感受舜帝对于同僚共事美好回忆的留恋。

"惟乐不可以伪"，人的感情是复杂的，不是一面的，是温情的，不是冰冷的。诗歌言情，声音的细微变化都有情意在里面，吟诵的时候要借助乐音努力将之表现，才不负古人的精妙安排。

扫描二维码
听嘉兴的声音吧

第十五集

不走极端

宋朝科举考试，有一种叫制科，往往考得最好的只能得到第三等的成绩，第一等、第二等虚设在那里无人能得。这便是深得周易规律的考试设置了。不让你走到极点，你就还有发展的余地。不然一切就要回到开始。

天地浑沌如鸡子盘古生在其中万八千岁天地开辟阳清为

天阴浊为地盘古在其中一日九变神于天圣于地天日高一丈地日

厚一丈盘古日长一丈如此万八千岁天数极高地数极深盘古极长

后乃有三皇

——《三五历纪》三国 徐整（出自《艺文类聚卷一·天部》

唐 欧阳询，上海古籍出版社，2013）

大家好，欢迎收听我的学习分享。

我的语文成绩很好，上一次考试，我考了很高的分数。虽然老师从不说名次，我还是忍不住问："老师，我是不是第一名？年级里还有比我分数高的吗？"我的老师说："你考了第二名。"我很惊讶老师说出了名次，并且很想知道谁是第一名，也好立个追赶目标呀。但我知道老师是不会说的，所以就在私下里去打听。我的学校，年级里并没有许多个班，所以就是把所有人询问一遍也不难。我问来问去，真的没人比我分数高，我于是忍不住又去找老师，说："您总可以告诉我第一名比我高多少分吧？"老师说："没有人分数比你高了。"我瞪大了眼睛说："那我不就是第一名吗？"老师淡定地说："第二名。"我实在不能理解，大声问："为什么呀？"老师便不再说话。我停了一会儿想明白了，说："老师，您是怕我骄傲吧？所以说我是第二名，对吧？"老师摇摇头说："也对也不对，比这要深刻得多。"我很不理解，看着老师，等待他的讲解。我的老师看了看窗外，说："看，北风刮来了，叶子要掉落了，天气要变冷了。秋天过后是什么季节？"我说："冬呀。"老师问："然后呢？"我说："春呀。"老师说："春天有什么特色？"我说："春暖花开呀。"老师继续问："为什么会春暖花开？"我说："因为春天到了呀。"老师继续问："那为什么到了年底又会天冷叶落呢？"我继续回答："因为冬天到了呀！"我的老师笑了，说："你说的这是现象不是原因。我们看到的世界一切都是现象，寒来暑往，秋收冬藏，你想过这背后有什么原因吗？"我摇摇头说："背后还有原因吗？"老师笑着说："我们在电脑或者手机上看到许多应用，直接点击就可以办公、学习或者游戏了，它们的背后是不同的程序在运行，支持着你看到的那些样子。如果哪个应用不好用了，你肯定会责怪程序不稳定，对吗？"我点点头，然后追问道："您的意思是这个大自然的背后也有程序在运行？"老师说："是的，你很聪明，其实每个古老的民族都在寻找这个世界运行的程序是什么，这背后一定有原因。"我继续追问："程序是什么？"我的老师说："应该就是两股气。"我马上问："什么气？"我的老师说："你听过'盘古开天辟地'的故事吗？"我当然听过啦。

在最早的时候，当时的世界跟现在我们所看到的世界完全不一样。当时的世界是混沌一片，像一个大鸡蛋一样。有一天，这个大鸡蛋中孕育出了一个叫盘古的人。这个叫盘古的人，不断地汲取大鸡蛋里面的能量，他慢慢在这个大鸡蛋里生长、成长，就这样过了一万八千年。有一天，这个混沌的大鸡蛋忽然分开了。轻的东西飘到了上面，沉的东西掉了下去。我们可以形象地说：就是蛋清升到了天上，蛋黄降到了地下。虽然已经初步分离了，但是这个大鸡蛋还是没有完全分离，所以需要有一个人把它撑着，而盘古作为第一个人，也是当时唯一的人，便撑起了天和地。而他也有特别强的能力，当天长高的时候，他也随着长高，地往下降的时候，他也随着往下降，就这样，他一直撑了一万八千年。最后，当天和地已经完全分离的时候，盘古的身体各个部位也随之变成这世间的万物。而之后，才出现了天皇、地皇、泰皇这三皇。

我的老师说："你看，这个故事里说有两种气混在一起，一种清一种浊，古人就叫它们为'阳气'和'阴气'。中国人认为这个世界就是由这两种气组成的。"我于是说道："后来阳气就在天上，阴气就在地上了，对吗？"老师说："不是的。盘古的故事里说，天地都还在增长，这说明阴阳两气一直都在运动着。它们在这个世间一直飘浮不定，来来回回。"我笑着打断老师道："它们要是撞上了怎么办呀？"老师说："阴阳相撞如果出现在天上，就是闪电呀！"我"哦"了一声，继续问："那要是在地下

呢？"老师说："大地的阴气死死压着阳气不让阳气
出来，阳气又蓄积了力量，非出来不可的话……"我
接过老师的话说："这岂不是要地震了！"老师表扬
我说："你真棒！古人就是这样认为的。"我不解地
问："那我为什么看不见阳气呢？"我的老师说：
"阳气无处不在，当它钻到地底下，成为一种能量，
温暖那些地下的种子，赋予它们生长的力量，种子就
慢慢生长起来了。种子在阳气的驱使下，破壳生芽，
这个字就是'甲'字，甲骨文的'甲'就是种子被阳
气催发破壳的样子。"老师接着说："阳气继续催使
着小芽生长，在地底下挣扎蜿蜒，这就是'乙'字的
字形，你看它像不像一股挣扎上升的力量？"我一看
还真是如此。于是继续问道："那'丙'字就是小芽
在阳气的催动下破土而出了？"老师表扬我说："你
太厉害了！古人会盖个小房子，在房屋里的土地上插
上十二根长短不齐的竹管子，将竹子内膜烧成细灰，
撒进竹管子里，派人天天看着这些管子，什么时候第
一个管子里的细灰"噗"地一下子飞了出来，证明阳
气开始上升了。"老师问我说："你看过《动物世

界》里非洲大草原上那些蒸腾的热气吗？因为拍摄者都是在远处拍摄的，所以镜头里都有一股晃动的气在，这便是中国人认为阳气的一种形象了。炎热的夏天，阳气在地上到处周游，庄子叫它'野马'。"我打断老师说："您不是说有两种气吗？阴气去哪儿了？"老师说："阴气也无处不在，一说阴气森森，你会想到什么？"我说："夜晚、寒冷、可怕呗。"老师笑着说："是的，这些都是阴气的现象。半夜的时候，犀牛会用它的角对着月亮，蚌也会张开它的壳对着月亮，我们的先民认为它们在吸收月亮的阴气。所以犀牛角、珍珠在中医里都是大凉的药，有去火的功效。"老师问我说："从春天到夏天，白天很长，阳气就在主导这个世界。从什么时候开始，阴气开始上升了呢？"

我听明白了老师给我的暗示，夏天到了一半的时候，白天就开始要慢慢地变短了。这是不是就意味着阴气开始上升了呢？我就问老师说："我的想法对不对？"老师又夸了我。他说："古人就是这样想的。大概阴历五月的时候，阴气就开始上升

了。所以甲骨文里'五'这个字，就是阴阳之气相交的意思。阴阳二气在天空中交战，阴气要主宰这个世界，阳气肯定不甘示弱。于是天空中电闪雷鸣，开始下雨，这雨水滋润万物，果实也就成熟了。到了六月份，也有许多美丽的滋味可以享受。可见阴阳相交，就会出现果实了。男性和女性结合也可以结婚，并且有小宝宝呀。这是一样的。"

我于是问："那阴气还会继续上升吗？"老师说："对呀，所以万物都要被阴气杀死了，最终凋零了。"我接着老师的话说："那阴气要是再往下发展，世界就要变冷了，冬天就到了呗。"老师向我竖起大拇指，说："说对了。"老师问我说："阳气走到极点，便是阴气上升之时，阴阳大战，阴气获得胜利，那么阴气走到极点的时候呢？"我说："那就是阳气要上升的时候了呗。它们俩再打一架，最后阳气获得了胜利。"老师说："说得好，阴气主宰世界的时候，阳气就躲了起来，慢慢地蓄积力量，攒够了就再和阴气激战一场，所以春天的时候天空中也会有许多雷声，也会下雨。"老师最后说："你现在知道寒来暑往、秋收冬藏背后的原因了吧。"我于是想到："阳气上升，阴气下降，阳气走到头阴气又上升，阳气再下降，阴气走到极点的时候，阳气又上升了，看来世界的规律是个圆圈呀！"我的眼前似乎有一个神秘的圆在运动着。老师说："你见过道观里的太极图吗？那两条按着顺时针方向运行的鱼，一条白色，一条黑色，就代表着阴气、阳气在交替运行着，所以人们管这两条鱼叫'阴阳鱼'。世界一直在运行，走到极点就是回归，极致就是衰落，阳极阴升，阴极阳升，这就是天地的自然规律。"

　　老师说："人活在这个世间，一切也都在遵循这个规律。"我于是问道："照您这么说，成功到了极点一定就是失败了？"我的老师说："我先来教你吟诵一段《周易·乾卦》的爻辞吧！"

初九：潜龙，勿用。

九二：见龙在田，利见大人。

九三：君子终日乾乾，夕惕若厉，无咎。

九四：或跃在渊，无咎。

九五：飞龙在天，利见大人。

上九：亢龙，有悔。

用九：见群龙无首，吉。

　　这是《周易·乾卦》的爻辞，这六句话在描述阳气一路发展的情况。刚开始的时候，阳气潜伏着，还看不到它的作为，后来就逐渐能够看清它的样子了，再往后它小心翼翼地发展，努力向上。它一路高歌猛进，像一条龙在天空中翱翔。但是最后的最后，它便发现自己无法再进步，于是产生了后悔的心。

　　老师说："在《周易》中，人是和天地一样伟大的事物，所以你讲的故事中那个大鸡蛋里，除了有清气与浊气，还有一个盘古。这就是'天地人'三才。因为人有智慧，所以人与天地一样伟大。我们能不能敬畏着天地的规律，再利用一下人的智慧，调整一下自己的行为呢？我们来换个思路，咱们不要让成功到达极点好不好呢？这样就不会'亢龙有悔'了。"我问老师说："您不是说要'不住努力'吗？"老师说："是呀，但是努力的目的不是为了做到最好，做到最好还有什么可做的？还怎么不断地努力呢？宋朝科举考试，有一种叫制科，往往考得最好的只能得到第三等的成绩，第一等、第二等虚设在那里无人能得。这便是深得周易规律的考试设置了。不让你走到极点，你就还有发展的余地。不然一切就要回到开始了。"

老师最后问我："你的语文成绩在年级排在第几名呀？"我笑着回答说："第二名！"

乾卦　　　天爻
　　　　　人爻
　　　　　地爻

乾卦　　　上九
　　　　　九五
　　　　　九四
　　　　　九三
　　　　　九二
　　　　　初九

雅致方正（五）

《周易》的六十四卦，每一卦都有六个爻，大概的意思就是六条线段。这六条线段要从下往上数，最下面的是第一爻，最上面的是第六爻。第一爻被称为初爻，第六爻被称为上爻。《周易》的爻辞中，管阳叫"九"，管阴叫"六"。世界既然是由阴阳两股气组成的，那么《周易》的每个卦象也是由阴阳不同的线段组成的。《周易》乾卦的第一爻是阳爻，所以叫初九。第二爻也是阳爻，叫九二。第三爻还是阳爻，叫九三。第四爻依然是阳爻，叫九四。第五爻亦是阳爻，叫九五。最后一爻终是阳爻，叫上九。最后还有一个"用九"，这是算卦卜筮吉凶时，在某种情况下才会用到的爻辞。

《周易》是经书，并被称为"群经之首"，或是"群经之始"，有人认为没有《周易》就没有中国文化的一切。《周易》总给人一种神秘感，又因为它的确可以用来卜筮吉凶，故而吟诵时要更加庄重才可以。

　　初九：潜龙，勿用。

　　九二：见龙在田，利见大人。

　　九三：君子终日乾乾，夕惕若厉，无咎。

　　九四：或跃在渊，无咎。

　　九五：飞龙在天，利见大人。

　　上九：亢龙，有悔。

　　用九：见群龙无首，吉。

　　嘉兴已经介绍了，《周易》将天、地、人称为这世界的"三才"，所以六爻的初爻和二爻被称为地爻（因为从下往上数），三爻和四爻被称为人爻，五爻和上爻被称为天爻。民间总爱说不良的人"不三不四"，便是说你没在人爻该在的位置，没

做好一个人。又管一个人超越了自己的地位，蛮横地做不是自己该做的事，叫"吆五喝六"，也是在说你都跑到"天"上去了，不该如此。

如此说来，吟诵爻辞就该初爻二爻一组，三爻四爻一组，五爻上爻一组。每一组的第一句都要起高调。

初九的时候，《周易》提醒我们一切都还在孕育中，是一条潜在水里的小龙，不要用它。"勿"是一个入声字，读到这里的时候要重一点，警示的意味很深。

九二的时候，《周易》告诉我们这条小龙开始有了美丽的身形，显现出大人——有德之人的样子。这一句有许多开口音，要把嘴张大来吟诵，表现出这份美好的憧憬。

九三的时候，《周易》告诉我们做人要小心翼翼，每天努力，所以这一句入声字比较多，"日""夕""惕""若"都是入声字，吟诵的时候要注意将这些字读重，仿佛在提醒人们千万别做"不三不四"的人。

九四的时候，《周易》告诉我们，人生充满悬念，有可能一跃而上，也有可能跌到低处，吟诵到这

里的时候，应该在"或跃"和"在渊"之间稍有停顿，表现二者的不同。不过，无论如何都不是坏事，所以"无咎"二字应该吟诵得很有安慰之感才好。

九五的时候，《周易》告诉我们，我们的努力已经成功，如同那条小龙已经长大，在天空中翱翔。这一句也有许多开口音，更要张大嘴吟诵，调子也应该上扬，来表现这份成功的美好。

上九的时候，《周易》告诉我们，努力到了极点就会产生悔意，"悔"是个三声字，有婉转的感觉，很能表现后悔的味道，吟诵到这一句的时候，调子适合下沉，"悔"字可以读得长一点，来体现阳极而阴的感觉。

用九，是阳到极点变成阴后的结局，乾卦在《周易》中代表人的头，也代表万物的首领，既然阳极变成了阴，当然就没有了首领，所以说"群龙无首"。这个时候，用阴的柔和来调和群龙的关系，当然是吉祥的，所以"用九"的这句爻辞以一个入声字"吉"来结尾，戛然而止，给爻辞画上了圆满的句号！

第十六集

不只客观

事实是什么样的，这叫客观。史官认为哪些符合道义，哪些不符合道义，这叫主观。微言大义，才是客观的根本啊！

初郑武公娶于申曰武姜生庄公及共叔段庄公寤生惊姜氏故名曰寤生遂恶之爱共叔段

欲立之亟请于武公公弗许

及庄公即位为之请制公曰制岩邑也虢叔死焉佗邑唯命请京使居之谓之京城大叔祭仲

曰都城过百雉国之害也今京不度非制也君将不堪公曰姜氏欲之焉辟害对曰姜氏何厌之有

不如早为之所无使滋蔓蔓难图也蔓草犹不可除况君之宠弟乎公曰多行不义必自毙子姑待

之既而大叔命西鄙北鄙贰于己公子吕曰国不堪贰君将若之何欲与大叔臣请事之若弗与则

请除之无生民心公曰无庸将自及大叔又收贰以为己邑至于廪延子封曰可矣厚将得众公曰不

义不暱厚将崩

大叔完聚缮甲兵具卒乘将袭郑夫人将启之公闻其期曰可矣命子封帅车二百乘以伐京

京叛大叔段段入于鄢公伐诸鄢五月辛丑大叔出奔共

——《左传·隐公元年》春秋 左丘明（中华书局，2014）

大家好，欢迎收听我的学习分享。

你的学校里有写班级日志这件事情吗？我们每个人负责一天，记录这一天的大事。我的老师说："你们这是在记录历史，还是'编日体'的。"我特别喜欢上历史课，历史书上说，按照年份记录的历史叫"编年体"，怪不得老师说我们这每天记录的班日志叫"编日体"。

有一天，我的老师问我："你们在班日志里记录什么内容呀？"我说："什么好玩儿写什么呗！"我的老师说："这班日志记录完了干什么用呢？"我摇摇头，摊开手。其实我心里真的不知道为什么要写班日志，大家也都当作一个任务，写着玩儿。我的老师说："班日志或许是要留给后人看的。每个人都可以看看上个人写了些什么，学校也可以收集每个班级中优秀的作品进入校志。以后每个新入学的学生要是都能拿到一本校志，看看之前的学长学姐们发生的故事，该是件多么有意思的事情呀！"我问道："真的是这样吗？我写下的东西以后还要给人看吗？"我的老师说："有可能是如此的。"我马上说："那我以后不瞎写了，让学弟学妹们看见我们整天胡打胡闹的多不像话呀。"我的老师笑了，问我说："那你写点什么呀？"我想了想说："写好的，写我们努力学习，成绩优秀，工作认真，很有素质。"我的老师打断我说："跟某些古代的皇帝一样，总想着歌功颂德，这样的班日志对学弟学妹有什么意义呀？"我反驳道："写我们追跑打闹，讨厌考试，讨厌作业？"我的老师说："都应该写。"我不解地问："写好的，是为了让学弟学妹们学习，写坏的是为了让他们借鉴吗？"我的老师说："当然是这样的。但是你想过吗，学弟学妹们怎么能知道该学什么不该学什么呢？"我想了想说："我给他们标注清楚了吧。每篇班日志的结尾我都来一番评论怎么样？"我的老师笑了，说："我要是那个读者，就略过这些评论，只看故事。"我挠挠头说："那怎么写呢？"我的老师说："我先给你看个故事吧。"

老师给我看的故事是这样的：

郑武公娶了一个妻子叫武姜，这个武姜给郑武公生了郑庄公和他的弟弟共叔段。但是呢，在生郑庄公的时候，这个郑庄公是倒着生出来的，这可吓到武姜了，于是武姜就叫他"倒着生出来的"——"寤生"。因为古人认为倒着生出来是不吉利的，所以武姜也特别不喜欢郑庄公，但是她特别喜欢共叔段。她向郑武公提了好几次要求，希望把共叔段立成太子。但是郑武公说郑庄公才是嫡长子，所以说不能违反礼，一直没有听武姜的。

终于郑庄公即位了，武姜就求郑庄公把共叔段封到一个叫制的地方，郑庄公说："制，特别危险，曾经虢叔就死在那里，所以不能让我的弟弟去。"武姜说："那可以把他封在京这个地方吗？"郑庄公说："好吧！"共叔段就被封到了京这个地方。一天，郑庄公的一位大臣祭仲来说："那个封在京城的你的弟弟，他在京城建的城墙已经超过了应有的规制，这是国家的害处，况且它也不符合先王的礼制。"郑庄公说："哎呀，我妈妈希望他这样，我能怎么办呢？"祭仲说："你妈妈什么时候满足过，你呀，不如赶快铲除掉你弟弟，省得他又继续滋蔓。"郑庄公回答说："他必将自己灭亡，你们就等着看吧。"

过了不久，他的弟弟共叔段又命令两个地区的长官背叛了郑庄公投靠了自己。这时候另一个大臣公子吕也坐不住了，说："没见过一个国家再分出一个国家的，而现在咱们就快要成这个情况了。您要是觉得您比不过共叔段，我不如去投靠他得了。您要是觉得您比得过共叔段，我请求您赶紧将他铲除掉，不要让国民的心都往他那去。"郑庄公说："没事儿，他自己将会灭亡的。"

过了不久，他弟弟共叔段又找了两个地区的长官，把他们也拉拢进了自己的势力。这时一位叫子封的大臣说："可以啦。"郑庄公说："不着急，他那么光明正大地干一些不义的事，他必然会崩溃的。"共叔段准备夺取郑国的王位，而他的妈妈也

就是武姜，先到了郑国的国都，想在他们造反的那一天为他们开城门。但是郑庄公已经知道他们要造反的日期，说："唉，可以啦！"于是他命令子封率领两百辆战车，去攻打共叔段所管治的地方。当他们兵临城下的时候，城里面早已经乱得不成样子，所有在这个地区的人全部都反叛了。共叔段只好跑到鄢这个地方。郑庄公又马上命令去攻打鄢，在五月辛丑日，共叔段出逃到共这个地方。

我听完故事后，脱口而出："这个共叔段也太过分了，又打不过哥哥还要跟哥哥抢王位！"我的老师问我说："这个故事里还有比他更过分的吗？"我说："那就是姜氏呗。当妈的怎么能撺掇兄弟打架呢。"我的老师继续问我："还有比姜氏更过分的吗？"我想了想，说不出来了。我的老师笑笑说："咱们再来看一遍这个故事，你是不是觉得郑庄公是个很无奈的哥哥？他刚一上台，妈妈就要求他给弟弟一个很好的封地。哥哥说这是个危险的地方，看似很担心弟弟的安危。其实，制邑就是后来我们熟悉的虎牢关，是兵家必争之地，那里易守难攻。后来姜氏给弟弟选的地方就没那么可怕了。"我打断老师说："您的意思是，郑庄公早就知道他的弟弟要反叛？"我的老师说："他岂止仅仅是知道呀？那位叫祭仲的大臣早就看出了共叔段要反叛的端倪，他提醒郑庄公早做打算，郑庄公却说出了'多行不义必自毙'这样的话，共叔段只是营建了城墙而已，他多行不义了吗？"我回答道："行了不义，但还算不上多。"老师问："那么郑庄公为什么要这么说呢？"我想了想，然后非常惊讶地说："难不成他希望他的弟弟多做些不义的事情？"我的老师说："说对了！他弟弟后来不是唆使两个小城邑反叛了吗？公子吕都说出了那么激烈的话，郑庄公依然不动声色，可见……"我接过老师的话："可见他还觉得弟弟做得还是不够过分。"我的老师点点头，说："直到共叔段又让两个城邑反叛后，郑庄公依然按兵不动，他只是预测共叔段快要驾崩了。"我感叹道："这郑庄公也太阴险了！"

然而我又反问道："一定要这么认为吗？郑庄公不会是真的不愿意伤及手足之情吧？而且这一

切不是武姜的欲望吗？"我的老师也反问我道：
"那么郑庄公有没有跟妈妈谈谈，让妈妈不要这
样呢？"我说："他妈妈不喜欢他呀，谈了也没
用。"我的老师继续说："那个郑庄公有没有跟弟
弟谈一谈呢？晓之以理，动之以情，努力避免手足
间的残杀呢？"我摇摇头，这位郑庄公不仅没有这
样做，倒好像是努力地在等待事情闹大，而且是弟
弟先把事情闹大。我于是问道："他是想把事情闹
大，然后再把责任推给弟弟，就可以顺理成章地灭掉
弟弟了？"我的老师点点头说："应该是如此的。你
看他早就得知弟弟反叛的日期，还派子封将军直捣弟
弟的封地，那个地方的人一下子就反了。"我问道：
"有没有这种可能，郑庄公之所以不把制地封给弟
弟，是因为郑庄公早已在一个地方设好了埋伏，再把
它封给弟弟，这就能解释他为什么一直不着急了。"
我的老师说："真高兴你有新的理解了。"我继续问
道："我还有一事不明，这个当哥哥的将弟弟赶到了
鄢，他还不满足，为什么一直把弟弟赶到了共这个地
方才算罢休呢？"我的老师说："你开始关注细节

了。因为共地不在郑国，是卫国的地盘。"我恍然大悟说："那就是赶出国了！再也没办法跟哥哥争王位了！这个哥哥太过分了！"我的老师说："所以我问你还有没有比共叔段更过分的人。你还记得我给你讲过卫国的州吁吗？有人认为共叔段是去找他的好哥们儿州吁去了。后来州吁联合几个国家攻打郑国，也是为了给共叔段讨个公道。"

我继续问道："可是郑庄公这么做还是很有欺骗性的呀。后世的人们要是发现不了他的阴险岂不都被他的虚伪瞒住了？"我的老师拍了一下手说："这就是我要跟你说的，郑庄公瞒不住一个人。"我问："谁呀？"老师说："孔子！孔子在《春秋》里是这样记录这段历史的，叫'郑伯克段于鄢'。"我等着老师继续说，老师不说话了，看着我。我问道："完啦？就这么短？"老师说："就这么短。"我苦笑了一下，说："这什么都没说清楚呀。"我的老师说："这什么都说清楚了。"老师问我："你背一下周朝封爵的等级。"我脱口而出："公侯伯子男呀。"老师对我说："郑国国君因为对东周建立有功，所以被封为公，可是孔子叫他什么？"我反应了过来，说："对呀，怎么叫他'郑伯'呢？孔子怎么还带给人家降级的呀？还一下降两级。"老师说："因为他不配当'公'，连哥哥都当不好，并且阴险虚伪。"我点了点头，说："哦，原来用这种方法把是非曲直一下就说清楚了。"我又有了疑问，说："那还有不对的地方，共叔段最后被哥哥打出了国境，孔子怎么没记录呢？只说打到了鄢。"我的老师叹了口气说："孔子不忍心写到这一步，兄弟相残的细节，孔子实在不希望后世人了解得那么清楚，多么可怕呀！"我点了点头，说道："原来《春秋》是这样记录历史的。"我的老师说："这叫'微言大义'，用极少的文字说出了大大的含义。《三字经》说，《春秋》'寓褒贬，别善恶'，这就是著名的'春秋笔法'了。"

老师说，事实是什么样的，这叫客观，史官认为哪些符合道义，哪些不符合道义，这叫主观。中国的历史不仅记录客观，还有主观在里面。每个史官要评判事件中的道义再进行记录，哪里详细，哪里简单，写什么不写什么都是有目的的。老师说唐代有个大诗人叫杜甫，他总是用诗歌来记录历史。有一首诗就用了"春秋笔法"。

锦城丝管日纷纷，半入江风半入云。
此曲只应天上有，人间能得几回闻。

杜甫此时生活在四川成都，每天都能听到许多丝管的音乐声，这些音乐和奏乐的人都不简单，这些音乐都是宫廷音乐，乐师大多是唐玄宗的宫廷乐师，他们原本都是在洛阳皇宫的凝碧池旁为皇帝演奏音乐的。现在，因为唐王朝经历了一场大的叛乱，导致叛军打入京城，皇帝和乐师们都流落到了成都，所以杜甫用此曲本不该在人间听到这样的话来表现一个昌盛的王朝的急转直下。这就是深得"春秋笔法"的写法了。

我最后对老师说："我知道我们的班日志该怎么写了。"老师说："怎么写呢？"我笑道："微言大义！"老师摸着我的头，又笑了。

电视讲吟诵 第十六讲

平长仄短

在这一集中，嘉兴吟诵了一首近体诗歌——《赠花卿》。所谓近体诗，这是唐人的说法，这是南北朝时期出现的一种创作风格，因为距离唐朝人所在的时代很近，所以叫"近体诗"。唐人按照这种风格创作了大量的诗歌，所以也叫"今体诗"。这种风格的特点就是讲究平仄和谐。

我们之前说过，汉语的声音大致可以分为"平上去入"四个部分，这是一种自然现象，是人们在长期的交流中形成的一种语言自然特征。但是到了后来，人们把这些声音故意地分为了"平仄"两组——"上去入"算仄声。仄，就是"不平"的意思。人们逐渐研究自己民族语言的声音，发现平声读起来可以很长，仄声则不行。于是，人们就想，一首诗歌应该是在长长短短的交替中进行的，读起来不应该是一个味道，或者是杂乱无序的味道，而是长完了短，短完了长，长短交替和谐出现的。于是，近体诗的创作风格就诞生了。

我们吟诵近体诗的时候，要把文人们的这种"故意"表现出来，突出的吟诵技巧就是：把关键点的平声拖长，把关键点的仄声重读，即为"平长仄短"。什么是关键点呢？

汉语是两个字一个结构的，我们的语言往往一字不成语，两字方有意。比如锦，是美丽的布匹的意思，或者是色彩华丽的意思，它往往是要跟随另外一个字才能构成一个表达习惯上的语义，如锦瑟，就是装饰华丽的乐器；锦城，就是以织布著称的城市——四川成都。所以，我们可以将七言诗歌（一句话七个字的诗歌）的语言理解为二二三的结构，诗歌的关键点就在二四这样的位置。既然平声的发音特色是长的，那么二四这些关键点的平声就要特别长。再加上韵字本身就该拖长，近体诗的吟诵就成了以下这个样子：

锦城丝管日纷纷，半入江风半入云
此曲只应天上有，人间能得几回闻

第一句，按照语言的特色来说，拖长的字是"城"和"纷"，所以它们的头顶上都有延长符号"～"。重读的字是"管"。再来看诗歌的意思，杜甫正是要说，锦城，怎么会丝管纷纷呢？以此荒唐的情况来暗示唐王朝的混乱与衰落。

第二句的意思就是一半声音进入"江风"中消散了，一半声音进入"云"中消散了。拖长的字是"风"和"云"，"风"字在关键点上，"云"是韵字。所以这两个字的头顶上都有延长符号"～"。重读的字是"入"。杜甫正是想说，这样美妙的宫廷音乐，这些原本有着礼制规定的宫廷音乐，绝不可在民间胡乱为之的音乐，现在却一半"进入"了"风"，一半"飘入"了"云"。安史之乱带来的唐王朝政府权威性的前后落差，在这长长的平声拖长中，给人无限感慨。

第三句意思是，这样的乐曲原本"只应"在宫廷中听到。拖长的字是"应"，"应"字的头顶上也有延长符号"～"。重读的字是"曲"。拖长一个"应"字，能玩味出许多味道。应，就是按理说，每当我们说到"按理说"这样的话的时候，遇到的现实情况总是相反的。重读一个"曲"，"春秋笔法"的味道就出来了。曲，不是随便弹的，它代表着礼制的规范。杜甫是爱国的，或者说是维护大唐王朝的，所以即便现实已经如此惨烈，他还在希望"按理说"，希望恢复以往的"礼制"。

· 第四部分 ·

探我家风

慎终追远，民德归厚矣。

扫描二维码
听嘉兴的声音吧

第十七集

不違家風 上

传承家风是实现中国梦的方法之一。了解家族先人的精彩故事，想想我们身上流淌着他们的血液吧！

虞卿者游说之士也为赵上卿故号虞卿秦赵战于长平赵不胜

赵王入朝使赵郝约事於秦割六县而媾虞卿闻之往见王曰秦索六城於王

而王以六城赂齐齐秦之深雠也得王之六城并力西击秦齐之听王不待辞之毕

也则是王失之於齐而取偿於秦也而齐、赵之深雠可以报矣而示天下有能为

也王以此发声兵未窥於境臣见秦之重赂至赵而反媾於王也从秦为媾韩魏闻

之必尽重王重王必出重宝以先於王则是王一举而结三国之亲而与秦易道也

赵王曰善则使虞卿东见齐王与之谋秦虞卿未返秦使者已在赵矣

——《史记·平原君虞卿列传》西汉 司马迁（中华书局，2009，中华经

典普及文库）

大家好，欢迎收听我的学习分享。

有一天，我妈妈的一个朋友托我妈妈来问我，他家的小朋友已经三岁了，该读书了，读点什么好？因为那位阿姨听说我在学习传统文化。我就去问我的老师，想知道从六艺的哪本书开始最好。我的老师说："哪本书都不好。我们古代的小朋友并不会从很小就开始读经典。"我说："那读什么好呢？"我的老师说："古代的小朋友在很小的时候，都是父母教育的，《周礼》说，'母教之七岁'。"我打断老师问："教什么呢？"老师说："你听过'孟母三迁'的故事吗？听过'曾子杀猪'的故事吗？"我点点头，这些故事我很小就听说过了。老师说："这就是父母教育，《三字经》说，'养不教，父之过'。父母努力做好自己，营造一个美好的家庭，以此来影响小朋友。"我继续问："那什么时候上学呢？"我的老师说："周朝可能是七八岁，后世可能会提前。"我想了想说："那看来上学并不是学习的开始，学习也不仅是读经典了？"我的老师点点头说："你说得好！读经、解经真的是一条非常重要的中国古代学习的模式，但这不是唯一的模式，这是学校教育。但是各个大家族也会有自己的家族风范，他们会以家训的形式口传心授给很小的小朋友，这是家庭教育。我们直到今天依然会说，这个孩子有家教或者没家教，这说明我们很在乎家族给你留下来的精神是什么样的。家训会一直在家族中流传，影响一代一代的人。"我问老师："家训是什么样的呢？"我的老师说："什么样的都有，有的时候是一些规矩，有的时候是祖先的故事，还有的时候会是一首诗歌。关键是要传承家族的精神，告诉每个小朋友，你的生命并不孤单，你的姓氏很值得骄傲。"我笑着对老师说：
"您讲个故事吧？"老师想了想说："你学过《长歌
行·青青园中葵》吗？"我点了点头。

青青园中葵，朝露待日晞。
阳春布德泽，万物生光辉。
常恐秋节至，焜黄华叶衰。
百川东到海，何时复西归。
少壮不努力，老大徒伤悲。

诗中提到了青青的园中葵菜，早晨的太阳一出来，葵菜上的露水就干了。就像春天万物都可以拥有光辉，但是秋天一到，一切都枯黄凋落了。又如百条大江东流而去，再也无法逆回。人生的美好也是如此，如果少壮时期不努力，长大了就会后悔，却又只能白白伤心。

老师问我："你知道这首诗歌是哪里来的吗？"我说："汉乐府呀。"老师说："乐府是个政府机构，专门负责收集民间诗歌，我是想问这首诗歌是从什么地方收集来的？"我摇摇头，心想："从哪里收集来的这么细致的事情，居然都被记录下来了吗？"老师说："我先来讲个故事吧。"

战国的时候，有一个游说的人叫虞信。一天他来到了赵国，赵王非常器重他，让他做卿大夫。因为他是卿大夫，于是人们也叫他虞卿。赵国与秦国发生了冲突，他们在长平交战。赵国本来就初战不利，这时赵王想，能不能求和呀？但是虞信说，坚决不行。赵王不听，还是去求和了，结果赵国惨败。打完仗了，赵王想："我是不是得安慰一下秦国，让它以后别来打我呀？"他准备送六个城池给秦国。可是这时候虞卿站了出来，他说："咱们与其把六个城池给秦国，不如把这六个城池给齐国。因为齐赵之间本来就有仇恨，说不定咱们送了这六个城池之后，这个仇恨就消除了呢。而且，咱们把这六个城池送给了齐国，秦国就会以为咱们联合了齐国想来打它，这样它就会来求和了。而韩、魏这两个国家一看咱们势力那么大，也是会来结盟的。"这次赵王选择听从了虞卿，他让虞卿跑去齐国，跟齐王说想把六个城池送给他的意思。齐王听了非常高兴，于是他马上开始跟虞卿讨论如何灭掉秦国。在经过了愉快的攀谈之后，虞卿踏上了返回赵国的路。当虞卿还没有到赵国的时候，秦国的使者已经早早地跑到了赵国，跟赵王说："我们想求和，不知可否？"过了不久，魏国的使臣也来了，他们想跟赵国结盟。赵王看虞卿这个提议果真有奇效，于是非常高兴，封给了虞卿一座城池。

　　魏国有一个人叫须贾，他的手下有一名门客叫范雎。当时，齐魏两国是结盟关系，这时齐王正想出使燕国，于是魏王就派了须贾和范雎一起陪齐王出使燕国。在路上，齐王问了须贾一个问题，结果须贾答不上来了，但是范雎马上答了出来。于是齐王想，这个人能力不错，便特别喜欢范雎。到了最后，他便跟范雎说："不如你来我们国家吧？"但是范雎拒绝了他的请求。须贾可能是出于嫉妒，他就悄悄地把这事告诉了魏国的宰相魏齐，说范雎暗中想出卖魏国。魏齐作为魏国的宰相哪忍得了，他拷打范雎，几近致死。魏齐以为范雎死了，就想把他扔在荒郊野外，让野狗们把他的尸体吃了得了。没想到范雎没有死，他逃到了秦国。为了不被发现，他改名为张禄。范雎获得秦王的信任之后，在秦国做上了大官。有一天，须贾出使秦国，他见到了现在这位叫张禄的人。张禄说："你还记得魏齐吧？"须贾说："对啊，现在还在我们国家呢。"张禄说："你要是不把魏齐的人头拿过来，我过几天就带兵围住你们国家的城池。"须贾害怕了，于是就跑回去告诉了魏齐。魏齐听说了，心想："不如我去投靠赵国的平原君吧。"于是，魏齐投靠了平原君。一次，秦王邀请平原君来秦国喝酒，平原君是赵王的弟弟，秦王便扣住了这个平原君。秦王给赵王写了一封信说："你要是不交出魏齐，我就不让你弟弟回国，还用军队围住你赵国的首都——邯郸。"赵王害怕了，于是他就带兵围住了平原君家，魏齐也就只得在半夜逃出平原君家。他想："赵国的宰相虞卿是我的朋友，不如我去找他吧。"于是，他就找到了虞卿。虞卿说："既然咱们为好朋友，我不如帮你。"于是他丢掉了赵国的相印，带着魏齐一起去找信陵君。信陵君由于害怕秦国也不敢管这个事。于是虞卿大怒，拂袖而去。出了信陵君的家，魏齐说："要不然你就别管我了。"虞卿说："那怎么可以？"但是魏齐还是拔剑自刎了。虞卿这时也不打算回赵国当宰相了，他便归隐了。在山中他作出了一部《虞氏春秋》。

我听完故事，感慨良多。虞卿真是一个相当有谋略的人，而且他能坚持自己的想法。我也知道战国时期秦国强大无比，魏王、赵王、平原君、信陵君都不敢为了魏齐得罪秦王，这些人在虞卿面前全都显得太渺小了！

我的老师说："虞卿有三个儿子，他们都以卿为姓，因为卿是远古时期最高等的六个官位的统称，虞卿又被赵王从一个平民一下封为卿大夫。虞氏家族是想沿袭这份家族荣耀，以天下为己任。虞卿的大儿子叫卿秦。这位卿秦十八岁就做了燕国大将，后来又成为了荆轲的门客。荆轲是燕国人，一心想用刺杀秦王的方式来保卫自己的国家。后来失败了，秦王就在天下遍搜荆轲的门客，要把他们斩尽杀绝，卿秦才带着家人隐姓埋名来到渤海避难，儿孙再次改姓虞。"我的老师说："虞卿为保卫赵国尽心尽力，也为朋友奔走效劳。这份忠义之心被儿子很好地传承了下来，卿秦为燕国尽心尽力，也为荆轲迁徙辗转，无怨无悔。"我好奇地想知道后来的故事，就继续问老师："那后来虞家的后人如何？这份家族风范一直传下去了吗？"我的老师说："卿秦的后人都改回了虞姓，一代一代地都在传承着祖先的风范，到了东汉汉章帝时期，卿秦的第七代孙虞经，在给孙子虞仲辽讲家族历史的时候，特意送给虞仲辽一首诗歌，便是这首《长歌行》。他希望虞仲辽从小努力，继承祖先的遗志，长大也能为国效力。"我不禁问："那后来这位虞仲辽表现得怎么样呢？"我的老师说："后来虞仲辽一直做到了尚书令，并且，他决定恢复卿姓，他认为这个姓更能体现家族的特点，以国为重，以天下为自己的家族使命。"我点了点头，没想到家风的传承有这么厉害的功效，一首《长歌行》的背后还有这样的故事。可是我的问题老师还没有回答，于是我继续问："我知道了，应该让我妈妈朋友家的小弟弟读家训才好，可是如果我妈妈朋友家里没有遗留下来的家训，那他读什么呢？"老师说："今天确实会有这个问题，自己家没有了，读读别人家的也好呀，什么《朱柏庐治家格言》《颜氏家训》《了凡四训》都不错。你会发现各家都在教育孩子要好好做人，认真做事。这样的家风其实就是中国的国风。"

我的老师说，我们今天都在说中国梦，怎么去实现中国梦呢？传承家风是条很好的道路。了解家族先人的精彩故事，读读他们留给我们的话，再想想我们身上流淌着他们的血液，就可以鼓足信心去努力了呀。家庭是梦想起航的地方，或许就是这个意思吧。

我突然想到一件事，说："老师，咱们组织个班级活动吧，我们也去寻找我们的家风怎么样？"老师开心地说了声："好！"

盈视讲吟诵 第十七讲

高低有序

吟诵时，我们可以用高高低低的旋律设计来体现诗文的层次，每到一个新层次开始的时候就起一个高调。我认为初学者可以如此为之，方便把长一点的诗文拿下。随着吟诵学习的深入，吟诵者可以打破这项规律，跟随诗人的情感发展合理设计高低调。

《长歌行》来自汉乐府相和歌。乐府，是汉代的政府性音乐机构。这个机构派人到民间采集诗歌，也组织文人们创作诗歌。这些采集来的诗歌，或者文人模拟民间诗歌风格而创作的诗歌，大多数用于宫廷或者贵族宴会、祭祀表演。所谓相和歌，是汉乐府歌曲的一种。表演时，一人持节鼓歌唱，另有笙、笛、琴、瑟等乐器相伴，故而称之为"相和"。演唱时，表演者有时是一个人，有时还有和唱的演员。

　　大家在本集的吟诵录音中可以听到一种似钟的声音，这是空鼓的声音。嘉兴的好朋友李凯迪在演奏这件金属乐器，用这个声音给嘉兴和他的好朋友夏宁远、刘永淳的吟诵打着节拍——我们在努力模拟汉乐府的表演，却又有许多不同。

青青园中葵，朝露待日晞。
阳春布德泽，万物生光辉。
常恐秋节至，焜黄花叶衰。
百川东到海，何时复西归。
少壮不努力，老大徒伤悲。

　　如果我们把这首《长歌行》理解为"有唱有

和"的表演，那么有可能前两句就是主唱者的开篇表演。因为这两句诗非常概括地表达了本首诗歌的主旨。青青的园中葵菜，太阳一照，露水瞬间就干了。人生如朝露，光阴与美好都是易逝的。所以我认为这句话应该是主唱者一个人的总括性表演。

从"阳春布德泽"到"焜黄华叶衰"又是新的一层意思，说的是春天万物都会受到阳光的恩泽茁壮生长，但是万物也都会走到秋天，一起衰落。这一段落表达的意思与开篇的主旨完全一样，只是换了一个新的比喻。所以可以采用主唱、和唱一起演绎的做法。这是一个新的层次，所以建议起高调。

从"百川东到海"到结尾又是一个新的层次，再次换了一个新的比喻，依然要阐释诗歌的主旨。所以这里可以再起高调，主唱、和唱一起演绎。最后，"少壮不努力，老大徒伤悲"这样的点题的句子，可以让主唱再单独重复一遍，以示隆重。

在这样高高低低的旋律设计与安排中，汉乐府的表演风格可能就会还原在我们面前了。

第十八集

不违家风

家族的文化是从祖先那里经历了长长久久的岁月才传到我们手里的，我们也要将它长长久久地传下去。

洪水滔天鲧窃帝之息壤以堙洪水不待帝命帝命祝融杀鲧于羽郊鲧复生

禹帝乃命禹卒布土以定九州

——《山海经·海内经》（中华书局，2011，中华经典名著全本全注全译丛书）

禹乃遂与益后稷奉帝命命诸侯百姓兴人徒以傅土行山表木定高山大川

禹伤先人父鲧功之不成受诛乃劳身焦思居外十三年过家门不敢入

——《史记·夏本纪》西汉 司马迁（中华书局，2009，中华经典普及文库）

大家好，欢迎收听我的学习分享。

我们的家风班会在九九重阳节这一天召开了。老师说，九月九日有长长久久的意思，文化是从祖先那里经历了长长久久的岁月才传到我们手里的，我们也要将它长长久久地传下去。班会召开的那一天，有许多老师和家长来到了现场。我记得老师开场讲了个故事：

远古时期洪水泛滥，百姓四处逃散，一个个都活不下去了，有个神话人物从天而降了，他叫鲧，他组织大家四处阻挡洪水的侵袭。治水没什么好办法，只有源源不断地用土堵塞，直到今天我们抗洪救险还在用着这样的方法。可是哪里找来这么多的土呢？鲧便看上了天帝的息壤。息壤是个神奇的东西，它是一种取之不尽用之不竭的土壤，它还会不断生长，填堵缺口。鲧心想，这正是拿来堵水的天然良物呀！于是他向天帝请示要用息壤，天帝可能是舍不得给鲧用这个好东西，迟迟不回复。鲧看着人间的百姓每天都在受到洪水的肆虐，决定不等帝命，擅自动用了息壤。洪水被暂时堵住了，天帝却生气了，他派祝融下凡追杀鲧，最后鲧死在了羽山脚下。鲧死后，他的肚子突然裂开了，里面跳出一个孩子来，这便是禹。人间的帝这时正在找人治理大水。他便找到了禹。禹决定完成父亲的遗愿，毅然接过治水的大任。禹总是感慨父亲因为治水而导致杀身之祸，他知道自己是为完成父亲遗志而生的，所以他辛苦治水，多次经过家门不敢进入，最终成功地阻挡了大水的恶势，给人间带来了太平。

我的老师说，这便是大禹治水故事的原貌，这是个悲情的子继父志的故事。西方有普罗米修斯盗天火供给人间的故事，中国有鲧盗息壤拯救苍生的故事。普罗米修斯敢于欺骗众神的领袖宙斯，最终被绑在高加索山上让老鹰啄噬，但是他可以再长出鲜活的身体，三万年不死。我们的故事中还要有个禹来完成父亲的遗志，还要让禹的后人来建立华夏的第一个王朝——夏朝。西方故事里宣扬的是挑战权威、永不言弃的孤胆英雄，我们阐释的是代代传承、集体奋斗的成功。这是很不同的文化。

老师讲完了故事以后，我的同学们也展示了他们的调查结果。调查结果显示，显然，当今有许多家庭都没有保留下来自己的家训。可是一些基本的原则还是可以流传下来的，比如勤俭、奋斗、坚强等。

到我上场了，我也准备了一通发言：

我姓徐。第一个姓徐的人应该是夏初的人，他叫徐若木，在夏朝还没有建立的时候，他的爸爸伯益就曾经帮助大禹治过水。在夏朝建立后，他也帮助夏朝的国王治过水，所以说，事后夏王论功行赏就把他封在了徐城，就是今天的江苏省宿迁市，他便建立了徐国。之后他的子孙说，既然叫徐国，那

我们就都姓徐吧。徐这个姓氏就这么传下来了。

而我们家这一支，是在明洪武二年，从湖北麻城县孝感乡迁到四川的。我的太爷爷的太爷爷，在清朝做官，官名叫儒林郎，人们又都尊称他叫春荣公。我们家的辈分排序是这样的：朝、廷、宗、支、远、忠、厚、传、家、长。这是在教育我们后辈，我们的家族很光荣，要把忠于国家宽厚为人的风范一直延传下去。我就应该是忠字辈的，所以说，如果按照辈分排序，我应该叫徐忠兴，而不是徐嘉兴。

我的太爷爷叫徐之著，字言昌。他小的时候，曾经读过一阵私塾，非常有学问。在民国的时候，他曾经担任过自贡市市长秘书和《西南新闻》副总编兼主笔。新中国成立后，因为种种原因，他被送到了新疆劳动。二十年后，他终于回到了四川。在太爷爷从新疆回到自贡之后，他干了两件事：第一件事，是成立了古典诗词协会；第二件事，就是回到了自己的村子里盖了一个祖坟。今年我太爷爷过九十九岁大寿，全国各地五十多个子孙，都返回乡里来给我太爷爷祝寿。可见我们这一支实在是非常庞大的。可惜，今年六月份，太爷爷永远地离开了我们。我刚才说到太爷爷曾经读过私塾，很有文化，所以说，他自然也会一些书法、作诗之类的，他手写的诗集能订成很厚的一本。

我家的祖宅，现在还在四川的自贡。我的太爷爷和爷爷都是在这里出生的，现在呢，它也是我太爷爷埋葬的地方。我爸爸想在这个祖宅建一个祠堂，因为有个祠堂，就会让这一支的人感到有脚踏实地的地方，心灵就不孤单了。我觉得我爸爸有段话说得非常好："一个人降临到人间之前，其实是一个孤独的灵魂。幸运的是降临到一个家庭就会有一个家，一群亲人在那里迎接你。从此你就有了一群保护神。他们会无条件地养育你，为你付出，陪伴你一生，这就是血脉和亲情。而我们的血脉和亲情不断沉淀，升华的那个地方就是咱家的祠堂。"

家风是要传承的，我也想用我的努力，把忠厚的家风传承下来。

我发完言，要下台的时候，老师把我拦住了，他说他知道我也在努力向太爷爷学习，创作诗歌，老师让我朗诵一首自己作的诗歌给大家听。我想了想，便给大家吟诵了这一年夏天我在山东峄山登山后作的诗。

青松无主摆，水漫峄山岩。
崎路催人汗，淋漓湿我衫。

这是我自己试着创作的诗歌《丙申遁月登峄山》。丙申是年份，遁是《周易》的一卦，这一卦往往代表夏历的六月，我就是在这个月份登上的峄山。孟子说，孔子登上东山，觉得鲁国的国都都变小了，这东山可能就是峄山，孟子是通过这个比喻来教育后人要学习圣人的大道。我登峄山的那一天有36℃的高温，因为这一年的雨水很大，沿路都能看到大水漫过峄山山岩的景象。峄山最著名的就是岩石，秦代的李斯曾经把他发明的小篆刻在山岩上。青松在摇摆，山路崎岖难行，我浑身都被汗水湿透了。但我还是坚持登上了山顶，在山顶吟诵古文与诗歌，畅想着古人的风流。下山的时候我和老师坐在缆车上，遥看着我刚才攀登过的地方，酝酿着我的诗歌。我把我的创意告诉老师，我的老师说："中国的文化也是一座高山，也有青松的摇摆，也有大水的遮漫，也有崎岖的道路，也有一代代像你这样湿透衣衫也不止攀爬的后生。"

我在想，冥冥中家族的先人已给了我文化的基因，而父母也给了我美好的期望，他们管我叫嘉兴，嘉是美好的意思，兴是起的意思。他们希望家族的优秀可以在我身上再次兴起，我也没有辜负他们，一直在跟随老师努力地学习。我吟诵完诗歌看着坐在台下的爸爸妈妈，他们正在冲我点头微笑呢！

盈视讲吟诵 第十八讲

歌咏人生

　　希望每个小朋友都去学习诗歌创作，这个目的并不是为了让每一个人都成为诗人，而是希望每一个人的生活都有诗一样的风格。唐人到处题诗，估计与今人都发微博是一样的。把诗歌作好并不容易，但是作诗却是人人都可为之的。

　　作诗的第一要务是押韵，这是中国诗歌的统一特征，如果不押韵就不是一首传统诗歌。因为诗歌是吟诵着创作，吟诵着玩味，吟诵着展示的。押韵，吟诵起来才好听，不押韵的诗歌根本无法吟诵。中国历史上很早就有了韵书，后来，大家使用得最普遍的韵书是《广韵》，简化版的《广韵》叫《平水韵》。嘉兴自己试着创作的这首诗歌押的就是《平水韵》下平声的第十五个韵部——咸韵。

因为吟诵拉长了声音，所以文人们也会在吟诵着创作的时候玩味韵字声音的味道，从而赋予韵字以文学上的意义。咸这个韵部的字古今发音有些不同，中古时期，它的发音嘴形并不太大，结尾还有个"m"，嘴巴要闭起来。这样的发音特征给人带来一种悠远深思或者感慨良深的感觉，这感觉与嘉兴攀登的辛劳，以及对于峄山文化的膜拜与思考都非常谐合。

学习作诗的一开始，最好先作近体诗。近体诗的平仄安排是有规矩的，就像是有个模板，容易让你作出一首像模像样的诗歌来。嘉兴的这首诗歌，就是一首近体的五绝。近体诗歌分平起和仄起两种，第一句的第二个字是平声就是平起，是仄声就是仄起。一般来说，平起的五绝，第一句的第二个字是平声，第四个字是仄声，第二句和第三句的第二个字是仄声，第四个字是平声，第四句的第二个字是平声，第四个字是仄声。

　　△平△仄△，　△仄△平△。

　　△仄△平△，　△平△仄△。

　　我们可以按照这个"公式"来安排我们的平仄。嘉兴作的这首诗就是平起的五绝，你可以检查一下嘉兴的这首诗歌的平仄安排对了没有。

青松无主摆，水漫峰山岩。

崎路催人汗，淋漓湿我衫。

　　我们前面讲过，吟诵近体诗，要把二四位置的平声拖长，二四位置的仄声重读，那么本首诗歌要拖长的字就是"松""山""人""漓"，重读的字就是"主""漫""路""我"。青松的自然摇摆引发了思考，大水遮漫的山岩带来了辛劳，看着努力攀爬崎路的游人，淋漓的大汗也不能将我阻挠。作诗者的意思就在这长长短短的声音安排中表达清楚了。

用孩子的声音诠释
远古的魅力

　　不觉间，嘉兴已经为我们带来了18集他的学习分享。嘉兴用他稚嫩的声音讲述着一个又一个精彩的故事，为我们展开了一幅精美的传统文化的画卷。在这里，盈视老师将和大家一起再一次将这幅画卷打开，共同回味、体会那份来自远古的文化魅力。

用古代的智慧指导当今的生活

　　嘉兴给大家讲了三个关于学习态度的故事，其中提及了相关的古代名人的事情：王安石劝弟弟们下苦功，陆云告诉周处人生永远有机会，孙权现身说法劝告吕蒙。这些故事让嘉兴明白了：学习不必羡慕聪慧者，学习何时都不晚，学习要劝慰他人与己共修。

盈视老师将这些故事讲给嘉兴的时候，目的就在于让嘉兴透过故事本身追溯到传统文化的精神；而嘉兴再将这些故事分享给大家的时候，同样希望各位小朋友也能得到和他一样的感悟。而最终这些精神和感悟作何而用呢？当然是用来指导我们今天的生活。也许这才是学习传统文化的真正意义所在。

古人到底学习些什么

　　嘉兴给我们讲了六个关于古人学习的故事，涉及古人学习的六种技能，或者说古人必备的六种能力，分别是礼、乐、射、御、书、数，统称为"（小）六艺"。

　　读了这些故事，相信你都应该已经知道：什么是"笔的坟墓"？谁测算过北极星的方位？古人是否在乎谁射箭射得最准？古人对待音乐学习与今人的不同之处？为什么一定要有那么多规矩？胜利的诀窍是什么？

　　除了告诉我们古人学的这些技能本身是什么外，嘉兴在故事中还提及了古人培养能力并不主张做到极致优秀，并不在乎成绩的好坏，在乎的是培养"君子之气"。古人培养能力时所提倡的这些精神，也许是我们更需要关注与学习的。

学国学到底学什么

嘉兴讲到了学习国学的"不二法门"是学习六本经书——《诗经》《尚书》《仪礼》《乐》《周易》《春秋》,即"六经"或者"(大)六艺"。

还记得嘉兴提到的"采诗官"吗?你知道《尚书》在历史变迁中最终的下落吗?如何才能拥有一个传统的成人礼呢?哪首歌是从远古一直唱到了民国的呢?你考第一的时候会说你得了第一还是第二呢?何为"春秋笔法"呢?相信这些问题你已经可以随口答出。

但"六经"博大精深,不是用几千字可以说清楚的,每一集都只是涉及一点,不及其余。嘉兴讲的这些小故事如果能引起各位小朋友的兴趣,让大家开始去吟诵、欣赏"六经"的主要内容,那就太好啦!

家风传承

嘉兴讲了《长歌行》背后家风传承的故事，令人动容。嘉兴也对自己的家族历史进行了探究，整理出了家族发展的脉络，并在这个过程中

感受到了传承家族传统的使命感。读了嘉兴的故事，听了他吟诵自己作的诗，各位大朋友、小朋友们有没有想去探寻一下你家的家风传承，找一找你家的家训呢？

嘉兴的国学学习之路还在继续，他也将会给大家带来更多的学习分享。也许下一本和大家见面的时候，嘉兴稚嫩的童音已经褪去，但不会改变的是他的声音所诠释的远古文化迷人的魅力。

最后，希望你们也能像嘉兴一样，开口去吟诵经典，用自己的声音去体会传统文化别样的美丽，用传统文化滋养身心!

参考

《王安石与方仲永或是间接竞争对手》刘黎平《广州日报》2014年8月6日

《祖冲之祖籍及其家族影响新探》纪泽林、王勇《文教资料》2015年第24期

《明史》卷三十一《历法志》清 张廷玉 中华书局 1974年标点排印本

《晋书》卷八十《王羲之传》唐 房玄龄 中华书局 1974年标点排印本

《方舆揽胜·眉州·磨针溪》宋 祝穆 中华书局 2003年施和金 点校本

《欧阳修<卖油翁>的春秋笔法》杨万里《中国社会科学报》2011年4月19日

《汉书古今人表考》清 梁玉绳

《孟子·滕文公上》中华书局 2012年版 杨伯峻译注

《史记》中华书局 2013年点校本二十四史修订本 司马迁

《论语》上海古籍出版社2012年版 金良年译注

《老子》上海古籍出版社2012年版 罗义俊译注

《马一浮与国学》刘梦溪 生活·读书·新知三联书店2015年版

《尚书古文疏证》清 阎若璩 上海古籍出版社2013年版

《仪礼》中华书局2012年版《中华经典名著全本全注全译丛书》彭林译注

《诗经诠译》大象出版社 华峰等 1997年8月版

《礼记译解》中华书局2016年版 王文锦译注

《周易译注》中华书局2013年版 周振甫译注

《山海经》中华书局2011年版《中华经典名著全本全注全译丛书》方韬译注

《西京民报》1936年12月12日第四版

《孔丘与坟丘》张勇 新浪博客

《汉乐府诗<长歌行·青青园中葵>出处新证》李志和《湖南广播电视大学学报》
2005.9.25

《声音的意义》徐健顺

《古典诗歌吟诵九讲》叶嘉莹 广西师范大学出版社

《吟咏学概论》华峰 大象出版社2013年版

《中华经典素读本》王海兴 中华书局·中华诵经典素读教程系列 2016年版